Chouette 3e

14-15 ANS

Dictées

Fabienne Sauve

Hatier

© Hatier, Paris, 2019 – ISBN : 978-2-401-05109-6

Ton parcours de révision

Commence par faire le test pour te situer. Coche la case ☐ quand tu as révisé un chapitre.

ÉVITER LES CONFUSIONS

ORTHOGRAPHE D'USAGE

Des outils complémentaires

Le Guide Chouette .... au centre du cahier

- Tous les **CORRIGÉS** des exercices
- Des **dictées complémentaires**
- Des informations « **spécial parents** »

Complète ton entraînement sur le site hatier-entrainement.com avec :

- Des EXERCICES interactifs en français et en maths
- Des PODCASTS audio en langues
- Des DICTÉES sonorisées

Maquette : Frédéric Jély, Primo & Primo
Illustrations : Adrien Siroy (dessins de la chouette), François San Millan
Mise en pages : STDI

TEST

1. *Réponds aux questions du test.*
2. *Vérifie chaque réponse à l'aide du corrigé page 27 du livret détachable.*
3. *Si ta réponse n'est pas juste, entoure le n° du chapitre : il est à réviser en priorité.*

FORMER LE PLURIEL. ACCORDER

CHAPITRE

1. Écris la phrase suivante au pluriel.

Il a jeté son porte-monnaie vert foncé par la porte-fenêtre.

→ ....

1 p. 6

2. Coche la phrase où le mot *fort* est un adverbe.

☐ **a.** Ces matériaux sont fort résistants à la chaleur.

☐ **b.** Martial est fort aux échecs.

2 p. 8

3. Accorde les déterminants si nécessaire.

a. Il n'a nul........... envie de repasser cette épreuve.

b. Nous avons déjà maint........... fois discuté de ce sujet.

c. Tu as gagné deux cent........... dix euros.

3 p. 10

4. Coche la réponse qui convient.

a. Je préfère le judo à ☐ tout ☐ toute autre sport.

b. Sa sœur est ☐ tout ☐ toute échevelée.

c. Il porte des vêtements ☐ tout ☐ tous froissés.

4 p. 12

5. Accorde le mot *même* si nécessaire.

Même........... des enfants ne croiraient pas à cette histoire.

Ce sont toujours les même........... qui se portent volontaires.

5 p. 14

6. Coche la réponse qui convient.

Le mois ☐ précédent ☐ précédant, elle avait pris la décision de partir.

Le jour ☐ précédent ☐ précédant son arrivée, elle avait coupé ses cheveux.

6 p. 16

CONJUGUER, ACCORDER LE VERBE

CHAPITRE

7. Complète les verbes suivants avec la terminaison qui convient.

je remu........... il conclu........... il mor...............

il crain........... je peu............. elle résou...........

7 p. 18

8. Réécris la phrase suivante à l'imparfait puis au passé simple.

J'admire la manière dont il interprète ce morceau.

....

....

8 p. 20

9. Encadre le sujet et accorde le verbe comme il convient en cochant la bonne réponse.

C'est toi qui ☐ es ☐ est en retard.

10 p. 24

10. Indique à quels temps sont conjugués les verbes en couleur.

a. La cigale se trouva fort dépourvue quand la bise fut venue. ....

b. On avait annoncé un cyclone. ....

c. Il aura oublié notre rendez-vous. ....

11 p. 26

11. **Complète les formes verbales comme il convient.**

je parti............ je suis part........... il a appr.......................

il a reç........... je véc................. les livres qu'il a l...........

12 p. 28

12. **Entoure le mot avec lequel tu accordes le participe passé.**

a. Les copies sont corrigées.

b. Les copies ? Je les ai corrigées ce week-end.

c. Les copies que j'ai corrigées sont bonnes.

13 p. 30

13. **Coche l'accord qui convient.**

a. Ils se sont ☐ regardé ☐ regardés dans la glace du hall.

b. Ils se sont ☐ parlé ☐ parlés au téléphone.

14 p. 32

14. **Coche les verbes qui sont au présent du conditionnel.**

☐ je chanterai ☐ je courais ☐ je courrais ☐ je voulais ☐ je voudrais

15 p. 34

15. **Coche les verbes qui sont au présent de l'impératif.**

☐ finis ☐ vas ☐ chantes ☐ ouvre ☐ sache ☐ voie

16 p. 36

16. **Conjugue les verbes suivants aux personnes demandées du présent du subjonctif.**

Il faut que vous (travailler) .... Il faut qu'il (avoir) .... confiance en lui

17 p. 38

17. **Ajoute un accent circonflexe sur la voyelle soulignée si nécessaire.**

Bien qu'il all<u>a</u>t prudemment, il tomb<u>a</u> et vous vous précipit<u>a</u>tes pour l'aider à se relever.

18 p. 40

ÉVITER LES CONFUSIONS

CHAPITRE

18. **Coche les bonnes réponses.**

☐ Es ☐ Est ☐ Aies -tu satisfait qu'il ☐ est ☐ aie ☐ ait ☐ aient trouvé du travail si rapidement ?

19 p. 42

19. **Coche les bonnes réponses.**

Il est ☐ prêt ☐ près à acheter cette maison ☐ prêt ☐ près de la gare.

20 p. 44

20. **Coche les bonnes réponses.**

Quand il ☐ eut ☐ eût terminé son repas, il ☐ fut ☐ fût pris d'une terrible envie de dormir.

21 p. 46

21. **Coche la bonne réponse.**

Quoique s'écrit toujours en un seul mot. ☐ vrai ☐ faux

22 p. 48

22. **Coche la forme qui convient.**

☐ Quelque ☐ Quelques ☐ Quel que ☐ Quels que alpinistes ont été pris dans une tempête de neige.

23 p. 50

ORTHOGRAPHE D'USAGE

CHAPITRE

23. **Complète les mots suivants avec une voyelle ou une consonne muette.**

- éternu...ment
- co...abitation
- com...table
- se...tième
- c...orale
- mal...onnête

24 p. 52

24. **Double la consonne en début de mot si nécessaire.**

- ap...ercevoir
- ap...araître
- oc...uper
- oc...uliste
- af...irmer
- ef...ort
- af...ricain

25 p. 54

25. **Entoure l'intrus.** goût dégoûtant gustatif gouttière goûter dégoût

26 p. 56

26. **Forme les adverbes en *-ment* correspondant aux adjectifs suivants.**

lent → .... gai → ....

méchant → .... fréquent → ....

27 p. 58

1 Former le pluriel d'un nom composé ou d'un adjectif de couleur

- Dans les **noms composés**, seuls le nom et l'adjectif qualificatif peuvent prendre la marque du pluriel : *un rouge* [adjectif]-*gorge* [nom] → *des rouge**s**-gorge**s***.
  Le verbe reste invariable : *un porte* [verbe]-*plume* [nom] → *des porte-plumes*.
- **Attention !** Le sens interdit parfois de mettre le nom au pluriel :
  un timbre-poste → *des timbre**s**-poste* [ce sont des timbres de **la poste**]
- Dans certains noms composés d'un verbe et d'un nom, le nom est toujours au pluriel :
  un compte [verbe]-*gouttes* [nom] [objet qui sert à compter **les gouttes**]
- Comme tous les adjectifs qualificatifs, l'**adjectif de couleur** s'accorde en genre et en nombre avec le nom qu'il caractérise :
  *Elle porte une jupe bleu**e**. Ces cahiers sont vert**s**.*

  Cependant, certains adjectifs de couleur restent invariables :
  - les adjectifs **composés de deux mots** : *une jupe bleu clair, une jupe vert foncé* ;
  - les noms **employés comme adjectifs** : *des chaussures marron* [de la couleur du marron], *des tee-shirts orange* [de la couleur des oranges].

  Attention ! *Rose*, *écarlate*, *incarnat*, *pourpre*, *fauve* et *mauve* s'accordent au pluriel : *des rubans roses*.

★★ 1 Écris les noms composés au pluriel. Attention, tous ne s'accordent pas.

1. un porte-monnaie → des ....
2. un garde-meuble → des ....
3. un haut-parleur → des ....
4. une porte-fenêtre → des ....
5. un garde-chasse → des ....
6. une arrière-boutique → des ....

SCORE .... / 6

ATTENTION
Le mot *garde* est employé une fois comme un nom (*le garde* désigne le gardien) et une autre fois comme un verbe (*garder*). De même, le mot *porte* est employé une fois comme un nom et une autre fois comme un verbe.

★★ 2 Écris les noms composés suivants au singulier. Attention, certains sont invariables.

1. des porte-bagages : un ....
2. des lauriers-roses : un ....
3. des vide-ordures : un ....
4. des porte-clés : un ....

SCORE .... / 4

★★ 3 Dans les phrases suivantes, accorde l'adjectif de couleur quand il le faut.

1. Adrien porte une casquette bleu...... et des baskets noir....... **2.** Marine a les yeux vert...... amande...... et les cheveux châtain...... clair....... **3.** Sur ce tableau de Monet, les coquelicots font des taches rouge...... vif...... dans l'herbe vert....... **4.** Elle a mis des rubans cerise...... sur son chapeau en paille.

SCORE .... / 10

COUP DE POUCE
Relis le second point de la leçon sur l'accord des adjectifs de couleur.

DICTÉE PRÉPARÉE

Des résistants s'apprêtent à exécuter un des leurs qui les a trahis. Ils se trouvent dans une maison isolée.

Rien ne se passait comme Lemasque l'avait cru. Il s'était préparé avec une exaltation profonde à un acte terrible, mais plein de solennité. Trois hommes siégeaient. Devant eux le traître défendait sa vie par des mensonges, des cris désespérés. On le confondait. Et Lemasque le tuait, fier de trouer un cœur criminel. Au lieu de cette justice farouche… les pas de ses complices qui résonnaient à l'étage supérieur et devant lui cet homme aux cheveux châtain clair, jeune, de figure triste et docile, avec son grain de beauté au milieu de la lèvre et qui regardait obstinément un couvre-pieds rouge.

Joseph Kessel, *L'Armée des ombres*, © Irish Red Cross Society, 1972.

4 Les adjectifs de couleur

a. Explique pourquoi *châtain clair* reste invariable dans le groupe nominal en couleur.

....

b. Accorde si nécessaire les adjectifs dans les groupes nominaux suivants.

1. des cheveux blond ...... **2.** des cheveux brun ...... **3.** des cheveux châtain ......

4. des cheveux blond ...... cendré ......

SCORE ..../ 5

ATTENTION
Les noms employés comme adjectifs qualificatifs de couleur restent invariables.

5 Le nom composé *couvre-pieds*

a. Quelle est la classe grammaticale du mot *couvre* dans le nom composé *couvre-pieds* ? Coche la bonne réponse.

❑ nom ❑ adjectif qualificatif ❑ verbe ❑ adverbe

b. Écris ce nom composé au pluriel.

un couvre-pieds → des ....

c. Complète la phrase suivante pour expliquer pourquoi le nom *pied* s'écrit toujours au pluriel dans le nom composé *couvre-pieds*.

Le *couvre-pieds* est un objet qui sert à .... les ....

SCORE ..../ 3

COUP DE POUCE
Relis le premier point de la leçon page 6.

6 Les noms féminins en *-té*

a. Surligne dans la dictée deux noms féminins qui se terminent par le suffixe *-té*.

b. Un de ces deux mots ne s'écrit pas comme il se prononce. Définis ce mot.

....

....

SCORE ..../ 3

COUP DE POUCE
La lettre *e* devant deux *m* ou deux *n* peut se prononcer [a]. (*une femme, prudemment*).

7 DICTÉE TYPE BREVET
Et maintenant, fais-toi dicter le texte figurant dans le livret, p. 2.

Corrigés p. 2

TOTAL ..../ 31

2 Identifier les emplois adverbiaux des adjectifs

- L'adjectif qualificatif caractérise un nom ou un groupe nominal avec lequel il s'accorde en genre et en nombre : *Luc et Martin sont **forts**.*
  Forts est un adjectif qualificatif qui caractérise les noms *Luc* et *Martin* avec lesquels il s'accorde en genre (masculin) et en nombre (pluriel).
- **Employé comme adverbe**, l'adjectif qualificatif précise le sens d'un verbe, d'un adjectif qualificatif ou d'un autre adverbe. Il est alors **invariable** :
  *Luc et Martin sont **fort** [très] bavards.*
  *Luc et Martin parlent **fort** [fortement].*
  *Luc parle **fort** [très] bien.*
- ***Demi***, ***mi***, ***semi*** et ***nu*** restent invariables quand ils précèdent le nom auquel ils sont reliés par un trait d'union : *une **demi**-heure, la **mi**-saison, des **semi**-remorques, **nu**-tête.*
  Attention !
  – Quand *demi* suit le nom auquel il est relié par *et*, il s'accorde seulement en genre avec ce nom : *Je pars dans deux heures et **demie**.*
  – Quand *nu* suit le nom, il s'accorde en genre et en nombre avec le nom qu'il caractérise : *Il a les pieds **nus**.* Mais *Il va **nu**-pieds.*

★★ 1 Observe les mots en couleur. Précise leur classe grammaticale entre parenthèses (adjectifs qualificatifs ou adverbes) **et encadre le mot dont ils précisent le sens.**

Ex. *Il* [*parle*] *bas* [adverbe]. *Il a acheté* [*un meuble*] *bas* [adj. qual.].

1. Cet objet est cher (..............................). **2.** Cette montre coûte cher (..............................). **3.** Ma tante a fait un bon (..............................) gâteau. **4.** Ce gâteau sent bon (..............................).

SCORE .... / 4

★★ 2 Écris les phrases de l'exercice précédent au pluriel.

1. Ces objets sont chers.

2. ....

3. ....

4. ....

SCORE .... / 3

ATTENTION
L'adjectif qualificatif s'accorde. L'adverbe reste invariable.

★★ 3 Accorde *demi*, *mi*, *semi* et *nu* si nécessaire.

1. Ils marchent nu ...... -pieds.

2. Évitez de marcher pieds nu ....

3. Il arrive dans une heure et demi ....

4. Il arrive dans une demi ...... -heure.

5. Cette année, elle travaille à mi ...... -temps.

SCORE .... / 5

COUP DE POUCE
Seuls deux adjectifs qualificatifs s'accordent.

DICTÉE PRÉPARÉE

Ma bible était petite et d'un caractère très fin. Il y avait, entre les pages, des fleurs séchées auxquelles je tenais beaucoup ; surtout une branche de pieds-d'alouette qui me rappelait fort nettement les « gleux » de l'île d'Oléron. Je ne sais pas comment cela se dit en français, des « gleux » : ce sont les tiges qui restent des blés moissonnés ; ce sont ces champs de pailles jaunes, tondues court, que dessèche et dore le soleil d'août. Au-dessus des « gleux » de l'île, habités par des sauterelles, remontent et fleurissent très haut de tardifs bluets et des pieds-d'alouette, blancs, violets ou roses.

Pierre Loti, *Le Roman d'un enfant*, © Garnier-Flammarion, 1988.

4 **Souligne, dans la dictée, les onze adjectifs qualificatifs et participes passés (employés comme adjectifs).**

SCORE ..../ 11

5 **Les adverbes**

a. Entoure les huit adverbes de la dictée.

b. Parmi ces adverbes, relève trois adjectifs qualificatifs employés adverbialement. Écris entre parenthèses les mots sur lesquels ils portent et coche la case correspondante à leur classe grammaticale.

.... (........................) ❑ adj. qual. ou part. passé ❑ verbe ❑ adverbe

.... (........................) ❑ adj. qual. ou part. passé ❑ verbe ❑ adverbe

.... (........................) ❑ adj. qual. ou part. passé ❑ verbe ❑ adverbe

c. Explique la formation de l'adverbe *nettement* (en couleur dans la dictée).

....

....

SCORE ..../ 12

COUP DE POUCE
Aide-toi de la leçon du chapitre 27, page 58.

6 **Retrouve, dans la dernière phrase, les sujets des verbes *remontent* et *fleurissent*.**

....

SCORE ..../ 2

INFO
Il faut poser la question *qui est-ce qui ?* pour trouver le sujet.

7 **Justifie la consonne finale des mots suivants par un mot de la même famille.**

Ex. : *chant* → *chanter*

1. champ → .... **3.** pied → ....

2. blanc → .... **4.** court → ....

SCORE ..../ 4

COUP DE POUCE
Aide-toi du dictionnaire si nécessaire.

8 **DICTÉE TYPE BREVET** Et maintenant, fais-toi dicter le texte figurant dans le livret, p. 3.

Corrigés p. 3

TOTAL ..../ 41

3 Accorder les déterminants

Les déterminants s'accordent généralement en genre et en nombre avec le nom qu'ils déterminent.

- C'est le cas des **déterminants indéfinis.**

  __Certains__ mots [*certaines paroles*] *peuvent blesser.*
  Ne rentre pas à __n'importe quelle__ heure.

  • Note bien cependant que :
  – ***chaque*** est toujours suivi d'un nom au singulier :

  __Chaque__ élève [*les élèves pris un par un*] *doit d'inscrire individuellement.*

  – ***maint*** est le plus souvent suivi d'un nom au pluriel : *Je te l'ai répété à __maintes__ reprises.*

  • **Attention ! *Nul* et *tel*** sont, selon le contexte, des déterminants indéfinis ou des adjectifs qualificatifs :

  Je n'ai __nulle__ [*aucune*] *envie de bouger.* (déterminant) *C'est une partie __nulle__* [*sans valeur*]. (adjectif qualificatif)

- Les **déterminants numéraux** sont en général invariables.

  • ***Vingt*** se termine par un **-s** dans *quatre-**vingts*** mais il reste invariable si on ajoute une dizaine ou des unités : *quatre-**vingts*** ; *quatre-**vingt**-sept*.
  La règle est la même pour ***cent*** : *deux **cents*** ; *deux **cent** trois*.

  • Le déterminant ***mille*** est toujours invariable mais le nom ***millier*** prend un -*s* au pluriel : *trois **mille** euros* ; *trois **milliers** d'euros*.

  • On met généralement un **trait d'union** entre les dizaines et les unités inférieures à cent sauf quand elles sont reliées par *et* : *deux cent quatre-vingt-dix-neuf, soixante et onze.*
  Désormais, on peut généraliser l'emploi du trait d'union : *trois-cents*, *quarante-et-un*.

★ 1 Dans les phrases suivantes, accorde les déterminants indéfinis comme il convient.

1. Certain...... races de chien sont plus agressives que d'autres. **2.** Il ne faut pas se lancer dans n'importe quel...... aventure sans réfléchir. **3.** Chaque...... année, nous partons en vacances en Bretagne et nous faisons maint...... sorties en bateau.

SCORE ..../ 4

COUP DE POUCE
Observe le genre et le nombre du nom qui suit le déterminant.

★★ 2 Accorde *tel* et *nul* comme il convient. Surligne *tel* et *nul* employés comme déterminants indéfinis et encadre *tel* et *nul* employés comme adjectifs qualificatifs.

1. Il a pris le virage à une tel...... vitesse que la voiture a dérapé. **2.** Vous prendrez tel...... médicament à tel...... heure. **3.** Où vas-tu ? Nul...... part. **4.** Le résultat de cette addition est nul....... **5.** Nul...... femme n'avait jamais accompli cet exploit à ce jour.

SCORE ..../ 12

INFO
Employés comme adjectifs qualificatifs, *tel* a le sens de « semblable » ou « si grand », et *nul*, le sens de « sans valeur ».

★★ 3 Écris en lettres les nombres suivants.

21 → ....
95 → ....
2 900 → ....
2 986 → ....
7 880 → ....

SCORE ..../ 5

DICTÉE PRÉPARÉE

Voici ce qu'on aurait pu apercevoir de cette antique demeure dans le champ d'une lunette. À huit ou neuf cents pieds en arrière du col de Vulkan, une enceinte, lambrissée d'un fouillis de plantes lapidaires. À chaque extrémité, deux bastions d'angle. Celui de droite est surmonté d'une maigre échauguette ou guérite à toit pointu ; à gauche, quelques pans de murs étayés de contreforts ajourés. Quant à ce que renfermait cette enceinte, s'il existait quelque bâtiment habitable à l'intérieur, si un pont-levis ou une poterne permettaient d'y pénétrer, on l'ignorait depuis nombre d'années.

D'après Jules Verne, *Le Château des Carpathes*, 1892.

4 **Les déterminants indéfinis**

a. Surligne les trois déterminants indéfinis de la dictée.

b. Relève, dans la dictée, un déterminant indéfini toujours suivi d'un nom au singulier.

....

SCORE .... / 4

5 **Remplace *quelques* et *quelque* par des déterminants de même sens.**

1. *quelques pans de murs étayés de contreforts ajourés*

.... pans de murs étayés de contreforts ajourés

2. *quelque bâtiment habitable à l'intérieur*

.... bâtiment habitable à l'intérieur

SCORE .... / 2

INFO

Quelque est au pluriel quand il peut être remplacé par « plusieurs » ; il est au singulier si on le remplace par « un certain », « un quelconque ».

6 **Le déterminant numéral *cent***

a. Relie chaque nombre à l'orthographe du mot *cent* qui convient.

800 •	
801 •	• cent
900 •	• cents
901 •	

b. Rappelle la règle d'accord du déterminant *cent*.

....

....

SCORE .... / 5

ATTENTION

Relis le deuxième point de la leçon page 10.

7 **DICTÉE TYPE BREVET** Et maintenant, fais-toi dicter le texte figurant dans le livret, p. 4.

Corrigés p. 4

TOTAL .... / 32

4 Identifier et écrire tout

Tout peut être un déterminant, un pronom ou un adverbe.

▸ *Tout*, déterminant indéfini

- Il peut signifier « en entier », « seul » ou « chaque », « n'importe quel » :

  Toute** la classe* [en entier] *est présente. Pour **tout [seul] *ami, Félicité a un perroquet.*
  Tout [n'importe quel] *élève qui arrive en retard ne sera pas accepté en cours.*

- Il s'accorde en genre et en nombre avec le nom ou le groupe nominal qu'il détermine :

  *Je préfère Marseille à **tout** autre port. Je préfère Marseille à **toute** autre ville.*
  ***toutes** les années, **tous** les jours*

▸ *Tout*, pronom indéfini

- Au singulier, ***tout*** signifie « toute chose » :

  *Au printemps, **tout*** [toute chose] *renaît.*

- Au masculin pluriel, le **-s** final du pronom indéfini ***tous*** se prononce [tus] :

  *Les candidats ont **tous*** [tus] *été admis.*

▸ *Tout*, adverbe (avant un adjectif qualificatif, un participe ou un autre adverbe)
Il exprime l'intensité et peut être remplacé par *tout à fait*, *très*. Comme tous les adverbes, il est **invariable** :

*Ils portent des vêtements **tout*** [tout à fait] *mouillés par la pluie.*
*Les élèves doivent réviser la leçon **tout** entière.*

Attention ! L'adverbe *tout* s'accorde quand il est placé avant un adjectif qualificatif féminin commençant par une consonne ou un *h* aspiré : *une robe **toute** blanche.*

★★ 1 Complète par *tout* ou *toute* les phrases suivantes. Surligne les déterminants indéfinis, souligne les adverbes et encadre les pronoms indéfinis.

1. Ces ordinateurs sont .... neufs.

2. Il préfère l'été à .... autre saison.

3. Martin préfère les jeux de dames à .... autre jeu.

4. Elle est tombée dans la piscine .... habillée.

5. Cléopâtre était .... rouge de colère.

6. Dans ce magasin, ... doit disparaître avant les travaux.

SCORE .... / 12

ATTENTION
Relis le dernier point de la leçon avant de compléter la phrase 5.

★★ 2 Complète par *tous* ou *tout* les phrases suivantes. Surligne les déterminants indéfinis, souligne les adverbes et encadre les pronoms indéfinis.

1. De .... les livres que j'ai lus, c'est celui que je préfère. **2.** Mes résultats sont .... à fait conformes à mes attentes : mes objectifs sont .... atteints. **3.** .... élève devra rechercher un stage. **4.** Il suffit de faire les branchements pour que .... fonctionne. **5.** Le jardin était .... embaumé par l'odeur des fleurs.

SCORE .... / 12

INFO
Tout, pronom, s'accorde avec le nom qu'il remplace. Au pluriel, on entend le *s* du pronom *tous* [tus].

DICTÉE PRÉPARÉE

Sage l'Ancien, un cochon, a réuni les animaux de la ferme. Il leur fait un discours pour les inviter à se rebeller contre Mr. Jones, le fermier qui les exploite.

Tous les animaux étaient maintenant au rendez-vous et les voyant à l'aise et tout attentifs, Sage l'Ancien commença en ces termes.
« Camarades, vous avez déjà entendu parler du rêve étrange qui m'est venu la nuit dernière. Mais j'y reviendrai tout à l'heure. Au cours de ma longue existence, j'ai eu tout loisir de méditer. J'ai, sur la nature de la vie en ce monde, autant de lumières que tout autre animal. C'est de quoi je désire vous parler.
Quelle est donc, camarades, la nature de notre existence ? Nous avons une vie de labeur. Une fois au monde, il nous est donné tout juste de quoi survivre. »

George Orwell, *La Ferme des animaux*, trad. J. Queval, © Éditions Champ Libre/IVREA, Paris, 1981 et 2009.

3 Identifie la classe grammaticale de *tout* ou *tous* dans les groupes nominaux suivants.

tous les animaux •
tout attentifs •
tout à l'heure •
tout loisir •
tout autre animal •
tout juste •

• déterminant indéfini
• adverbe

SCORE ..../ 6

COUP DE POUCE
Dans la dictée, tout est trois fois déterminant indéfini et trois fois adverbe.

4 *Tout* déterminant

a. Réécris le groupe nominal *tous les animaux* en remplaçant *animaux* par *bêtes*.

....

b. Réécris le groupe nominal *tout autre animal* en remplaçant *animal* par *bête*.

....

SCORE ..../ 2

INFO
Le déterminant s'accorde en genre et en nombre avec le nom qui suit.

5 Observe la phrase soulignée dans la dictée et coche la réponse qui convient.

1. *Quelle* est un ❑ pronom interrogatif ❑ déterminant interrogatif.
2. Il s'accorde avec le mot ❑ camarades ❑ nature ❑ existence.

SCORE ..../ 2

6 Dans les phrases suivantes, complète les terminaisons des verbes par *-er* ou *-ez*. Puis surligne les pronoms personnels sujets *vous*.

1. C'est de quoi je désire vous parl....... 2. Vous me parl...... d'un sujet qui m'intéresse.
3. Parl......-vous anglais ? 4. Parl...... moins fort.

SCORE ..../ 4

ATTENTION
Vous n'est pas toujours le sujet du verbe.

7 DICTÉE TYPE BREVET Et maintenant, fais-toi dicter le texte figurant dans le livret, p. 5.

Corrigés p. 5

TOTAL ..../ 38

5 Identifier et écrire même

Même peut être un déterminant, un pronom ou un adverbe.

- *Même* **déterminant indéfini** est suivi d'un nom. Il signifie « pareil », « semblable » :

  Ils ont eu la ***même*** *idée* [une idée semblable].

- Associé à l'article *le*, *la* ou *les*, *même* est un **pronom indéfini** :

  Tu as fait une erreur dans le problème ; j'ai fait ***la même*** *!* [une erreur semblable]

  J'aime bien tes chaussures ; j'ai ***les mêmes****.* [des chaussures semblables]

  Attention ! *moi-même*, *toi-même*, *elle-même*, *lui-même*, *soi-même*, *nous-mêmes*, *vous-mêmes*, *elles-mêmes*, *eux-mêmes* sont des pronoms personnels renforcés dans lesquels *même* s'accorde.

- *Même* **adverbe** reste **invariable**. On le trouve :
  – avant un groupe nominal introduit par l'article défini :

  Même *les meilleurs élèves* [les meilleurs élèves **aussi**] *sont tombés dans le piège de ce problème.*

  – après un verbe :

  Dans ce lycée, on enseigne ***même*** [aussi] *le chinois.*

★★ 1 Dans les phrases suivantes, identifie la classe grammaticale de *même*.

1. Nous partageons la *même* passion pour la musique.

❑ déterminant ❑ pronom ❑ adverbe

2. Depuis chez elle, on voit *même* la tour Eiffel.

❑ déterminant ❑ pronom ❑ adverbe

3. Ce sont toujours *les mêmes* qui arrivent en retard !

❑ déterminant ❑ pronom ❑ adverbe

4. Tous les enfants de cette famille font de la voile, *même* les plus jeunes.

❑ déterminant ❑ pronom ❑ adverbe

SCORE ..../ 4

INFO
Même, déterminant ou pronom indéfini, s'accorde en genre e nombre avec le nom qu'il caractérise.

★★ 2 Dans les phrases suivantes, accorde *même* si nécessaire.

1. Ils ont réalisé eux-même ...... les travaux de cette maison.

2. Toutes les fautes comptent, même ...... les fautes d'accent.

3. Ils partagent les même ...... goûts.

4. Même ...... excusés, les élèves qui arrivent en retard ne pourront assister au cours.

5. Elles sont allées le prévenir elles-même ....

6. C'est toujours la même ...... chose : il ne supporte rien, même ...... ses chats le dérangent.

SCORE ..../ 7

INFO
Même adverbe reste invariable. On peut le remplacer par *aussi*.

DICTÉE PRÉPARÉE

Les animaux se sont emparés de la ferme de Mr. Jones. Ils gagnent les champs et commencent la fenaison.

Les chevaux Malabar et Douce s'attelaient tout seuls au râteau ou à la faucheuse et ils arpentaient le champ. Et chaque animal jusqu'au plus modeste besognait à faner et ramasser le foin. Même les canards et les poules sans relâche allaient et venaient sous le soleil. Et nul gaspillage, car poules et canards avaient glané jusqu'au plus petit brin. Tout aliment leur était plus délectable. Malabar faisait l'admiration de tous. Même, certains jours, tout le travail de la ferme semblait reposer sur sa puissante encolure. À tout problème et à tout revers, il opposait sa conviction : « Je vais travailler plus dur. »

George Orwell, *La Ferme des animaux*, trad. J. Queval, © Éditions Champ Libre/IVREA, Paris, 1981 et 2009.

3 Le mot *même*

a. Surligne, dans la dictée, les deux occurrences du mot *même*.

b. Quelle est leur classe grammaticale ? Coche la bonne case.

❑ déterminant ❑ pronom ❑ adverbe

SCORE ..../ 3

4 Le mot *tout*

a. Dans les phrases suivantes, identifie la classe grammaticale de *tout* et *tous*.

1. Les chevaux Malabar et Douce s'attelaient *tout* seuls au râteau ou à la faucheuse.

❑ déterminant ❑ pronom ❑ adverbe

2. Même, certains jours, *tout* le travail de la ferme semblait reposer sur sa puissante encolure.

❑ déterminant ❑ pronom ❑ adverbe

3. Malabar faisait l'admiration de *tous*.

❑ déterminant ❑ pronom ❑ adverbe

SCORE ..../ 3

> **COUP DE POUCE** Dans chaque phrase, tout a une classe grammaticale différente.

b. Dans les phrases suivantes, remplace le déterminant *tout* par un autre déterminant indéfini.

1. *Tout* (..........................) aliment leur était plus délectable.

2. À *tout* (..........................) problème et à *tout* (..........................) revers, il opposait sa conviction.

SCORE ..../ 3

> **COUP DE POUCE** Aide-toi de la leçon du chapitre 4, page 12.

5 Entoure, dans la dictée, trois autres déterminants indéfinis. Indique celui qui est toujours suivi d'un groupe nominal au singulier.

....

....

SCORE ..../ 4

6 DICTÉE TYPE BREVET Et maintenant, fais-toi dicter le texte figurant dans le livret, p. 6.

Corrigés p. 6

TOTAL ..../ 24

6 Accorder ou non une forme verbale en *-ant*

- Seul le participe présent a une valeur verbale. Il se construit à partir du radical du verbe. *(chant-er → chantant).*
- Le **participe présent** est souvent suivi d'un complément. Il est **invariable** :
  Charmant *son auditoire par son intelligence et son sourire, elle a réussi à emporter l'adhésion.*
- Le **gérondif** est formé du participe présent précédé de la préposition *en*.
  Il est **invariable** :
  En *vous* ***remerciant*** *par avance, je vous prie de croire en mes salutations les plus cordiales.*
- L'**adjectif verbal** joue le rôle d'un adjectif qualificatif.
  Il **s'accorde** donc en genre et en nombre avec le nom qu'il caractérise :
  Mon voisin a des enfants ***charmants****.*
  Mon voisin a des filles ***charmantes****.*
- **Attention !** Adjectif verbal et participe présent dérivés d'un même verbe n'ont pas toujours la même orthographe :
  *fati**guant*** (p. présent) / *fati**gant*** (adj. verbal)
  *communi**quant*** (p. présent) / *communi**cant*** (adj. verbal)
  *précéd**ant*** (p. présent) / *précéd**ent*** (adj. verbal)

1 Dans les phrases suivantes, identifie la classe grammaticale du mot en couleur.

1. Un ventilateur rafraîchissant (........................) l'air est apprécié en période de canicule. **2.** L'homme présidant (........................) l'assemblée est le président (........................) directeur général. **3.** Ce chat a des yeux perçants (........................).

SCORE .... / 4

2 Coche la bonne réponse dans les phrases suivantes.

1. Ils ont des points de vue ❑ différant ❑ différent ❑ différents sur la question.

2. En ❑ différant ❑ différent ❑ différents leur voyage, ils ont pu le payer moins cher.

3. Un ❑ différant ❑ différent ❑ différend oppose ces deux personnes.

4. Ce sparadrap ❑ adhérant ❑ adhérent à la plaie est difficile à enlever.

5. Les ❑ adhérant ❑ adhérent ❑ adhérents de cette association se sont réunis.

SCORE .... / 5

3 Complète le tableau suivant.

Verbe	Participe présent	Adjectif verbal	Nom
intriguer	....	....	un ....
fabriquer	....		un ....

SCORE .... / 5

COUP DE POUCE
Les classes grammaticales sont : adjectif verbal, participe présent ou nom.

ATTENTION
Distingue les formes verbales invariables qui expriment une action des autres formes (adjectivales ou nominales) qui s'accordent.

DICTÉE PRÉPARÉE

Parut à la porte un couple charmant : une enfant de seize ans avec corsage de velours et jupe à grands volants ; un jeune personnage en habit à haut col et pantalon à élastiques. Ils traversèrent la salle, esquissant un pas de deux ; d'autres les suivirent ; puis d'autres passèrent en courant, poussant des cris, poursuivis par un grand Pierrot blafard, aux manches trop longues, coiffé d'un bonnet noir et riant d'une bouche édentée. Il courait à grandes enjambées maladroites. Les jeunes filles en avaient peur ; il paraissait faire la joie des enfants qui le poursuivaient avec des cris perçants.

Alain-Fournier, *Le Grand Meaulnes*, 1913.

4 Les formes en *-ant*

a. Souligne dans la dictée deux adjectifs verbaux, surligne trois participes présents et entoure un gérondif.

b. Relie les éléments comme il convient.

charmant •	
esquissant •	• variable
poussant •	• invariable
riant •	

SCORE .... / 10

> **INFO**
> Le participe présent invariable exprime une action ; l'adjectif verbal en revanche s'accorde en genre et en nombre avec le nom qu'il caractérise.

5 Les accords dans les groupes nominaux

a. Écris le groupe nominal suivant au féminin puis au pluriel.

un couple charmant → une femme ...., des couples ....

b. Écris le groupe nominal suivant au singulier, puis au féminin.

des cris perçants → un cri ...., une vue ....

SCORE .... / 4

> **COUP DE POUCE**
> Pour identifier un adjectif verbal, on remplace le nom masculin par un nom féminin pour entendre l'accord.

6 Entoure le nom masculin puis écris le groupe nominal au singulier.

à grands volants → avec un ....

SCORE .... / 1

7 Dans l'extrait suivant, surligne trois participes passés employés comme adjectifs qualificatifs puis entoure le nom (ou pronom) avec lequel s'accorde chacun d'eux.

Puis d'autres passèrent en courant, poussant des cris, poursuivis par un grand Pierrot blafard, aux manches trop longues, coiffé d'un bonnet noir et riant d'une bouche édentée.

SCORE .... / 6

> **INFO**
> L'adjectif qualificatif et le participe passé en fonction d'épithète sont placés avant ou après le nom qu'ils caractérisent. En fonction apposée, ils sont séparés du nom par une virgule.

8 DICTÉE TYPE BREVET

Et maintenant, fais-toi dicter le texte figurant dans le livret, p. 7.

Corrigés p. 7

TOTAL .... / 35

CONJUGUER, ACCORDER LE VERBE

7 Écrire un verbe au présent de l'indicatif

Au présent de l'indicatif, les terminaisons varient en fonction du groupe.

- **1er groupe** : *je chan**te**, tu chan**tes**, il chan**te**, nous chan**tons**, vous chan**tez**, ils chan**tent***
- **2e groupe** : *je fin**is**, tu fin**is**, il fin**it**, nous fin**issons**, vous fin**issez**, ils fin**issent***
- **3^e^ groupe, trois types de terminaisons** sont possibles aux trois personnes du singulier :
  - La plupart des verbes se terminent par ***-s**, **-s**, **-t*** : *je par**s**, tu par**s**, il par**t**.*
  - Les verbes en ***-dre*** se terminent par ***-ds**, **-ds**, **-d*** : *je pren**ds**, tu pren**ds**, il pren**d**.*

  Attention ! Les verbes en ***-indre*** (*craindre*, *peindre*, *joindre*) ou en ***-soudre*** (*résoudre*, *dissoudre*) se terminent par ***-s**, **-s**, **-t*** :

  *je pein**s**, tu pein**s**, il pein**t** ; je résou**s**, tu résou**s**, il résou**t***

  - Les verbes *pouvoir*, *vouloir* et *valoir* se terminent par ***-x**, **-x**, **-t*** : *je peu**x**, tu peu**x**, il peu**t**.*

★ 1 Complète les terminaisons des verbes suivants au présent de l'indicatif.

1. je pren ......
2. il dissou ......
3. tu rejoin ......
4. tu cou ......
5. tu résou ......
6. tu veu ......
7. il mor ......
8. tu exclu ......

SCORE ..../ 8

COUP DE POUCE
Commence par chercher l'infinitif du verbe.

★★ 2 Complète les terminaisons des verbes suivants conjugués au présent de l'indicatif.

1. Cet enfant grandi ...... rapidement. **2.** Il appréci ...... de ne plus aller travailler en voiture. **3.** Tu t'ennui ...... quand ton grand frère est absent. **4.** Il écri ...... des articles dans les journaux. **5.** Elle nou ...... habilement ses cheveux. **6.** Il mou ...... le café en grains. **7.** Tu résou ...... tes problèmes avec énergie. **8.** Il éternu ...... : j'en conclu ...... qu'il est enrhumé.

SCORE ..../ 9

ATTENTION
Repère les verbes du 1er groupe pour écrire la terminaison qui convient : *-e*, *-es*, *-e*.

★★ 3 Conjugue les verbes suivants au présent de l'indicatif en faisant attention aux modifications de radical.

1. prendre → je ...., nous ...., ils ....
2. vouloir → je ...., nous ...., ils ....
3. conquérir → je ...., nous ...., ils ....
4. lancer → nous ...., vous ....
5. nager → nous ...., vous ....
6. jeter → je ...., nous ....
7. congeler → je ...., nous ....
8. appeler → j'.., vous ....
9. essuyer → j'.., vous ....

SCORE ..../ 21

ATTENTION
Tu dois modifier le radical des verbes pour entendre le son qui convient :
*appeler → j'appe**lle***
*netto**yer** → je netto**ie***

DICTÉE PRÉPARÉE

Victor Hugo est un farouche opposant à la peine de mort. Dans la préface du Dernier Jour d'un condamné, *il donne trois exemples d'exécutions particulièrement atroces et épouvantables pour souligner la barbarie de cette pratique.*

Au mois de septembre dernier, on vient trouver un homme dans sa prison, où on lui signifie qu'il faut mourir dans deux heures. On le rase, on le tond, on le garrotte, on le confesse ; puis on le brouette entre quatre gendarmes, et à travers la foule, au lieu de l'exécution. Arrivé à l'échafaud, le bourreau le prend au prêtre, l'emporte, le ficelle sur la bascule, l'enfourne, je me sers ici du mot d'argot, puis il lâche le couperet. L'homme pousse un cri affreux. Le bourreau, déconcerté, relève le couperet et le laisse retomber. Le couperet mord le cou du patient une seconde fois, mais ne le tranche pas.

D'après Victor Hugo, *Le Dernier Jour d'un condamné*, 1829.

INFO
Les verbes en -dre conservent leur d sauf les verbes en -indre et -soudre qui se terminent par -s, -s, -t aux trois premières personnes du singulier.

ATTENTION
Dans les exercices 5 à 7, prends garde aux modifications de radical !

4 Les terminaisons des verbes du 3e groupe

a. Conjugue les verbes suivants à la 3e personne du singulier du présent de l'indicatif.

tondre	prendre	mordre	craindre
il	il	il	il ....

b. Quel est l'intrus ? ....

SCORE ..../ 5

5 Écris l'infinitif des verbes conjugués dans le tableau ci-dessous.

on le brouette	on le jette	on le ficelle
....	....	....

SCORE ..../ 3

6 Conjugue les verbes suivants à la 3e personne du singulier du présent de l'indicatif.

signifier → il .... suffire → il ....

SCORE ..../ 2

7 Conjugue le verbe *venir* aux personnes demandées du présent de l'indicatif.

venir → je ...., nous ...., ils ....

SCORE ..../ 3

8 Complète le tableau suivant à l'aide de mots de la dictée terminés par le son [o].

	-aud	-ot	-eau
	....	....	....
Mots de la même famille	....	....	

SCORE ..../ 5

9 DICTÉE TYPE BREVET Et maintenant, fais-toi dicter le texte figurant dans le livret, p. 8.

Corrigés p. 8

TOTAL ..../ 56

8 Écrire un verbe à l'imparfait ou au passé simple

▸ Il ne faut pas confondre les terminaisons homophones du **passé simple** et de l'**imparfait** à la 1re personne du singulier des verbes du 1er groupe :

Passé simple	Imparfait
je chantai	je chantais
tu chantas	tu chantais
il chanta	il chantait
nous chantâmes	nous chantions
vous chantâtes	vous chantiez
ils chantèrent	ils chantaient

▸ Pour les différencier, on peut :
• **Changer de personne** : *Je* ***marchais*** [*tu marchais*, imparfait] *tranquillement quand soudain, je* ***tombai*** [*tu tombas*, passé simple].
• **Se référer aux emplois** (ou valeurs) de chacun de ces temps :
– le passé simple exprime les actions principales du récit ;
– l'imparfait exprime des actions secondaires ou des actions qui se répètent dans le passé ; on utilise aussi l'imparfait pour les descriptions.

★ 1 **Coche l'explication de l'emploi de l'imparfait dans chacune des phrases suivantes.**

1. Il me guida dans une salle gigantesque dans laquelle travaillaient une quarantaine de personnes.

❑ une action secondaire ❑ une action qui se répète dans le passé ❑ une description

2. Mademoiselle Mori mesurait au moins un mètre quatre-vingts.

❑ une action secondaire ❑ une action qui se répète dans le passé ❑ une description

3. Les jours s'écoulaient et je ne servais toujours à rien. Assise à mon bureau, je lisais et relisais les documents que Fubuki avait mis à ma disposition.

❑ une action secondaire ❑ une action qui se répète dans le passé ❑ une description

SCORE ..../ 3

COUP DE POUCE
L'imparfait a une valeur différente dans chacune de ces phrases.

★★ 2 **Entoure la forme verbale qui convient dans les phrases suivantes, et justifie l'emploi des temps que tu auras choisis.**

1. Tous les jeudis, j'allai / allais à la piscine en sortant du collège.

....

2. Ce jour-là, je portai / portais une veste en lin.

....

3. J'assistai / assistais au débarquement des Alliés sur les plages de Normandie.

....

4. Je traversai / traversais la rue quand je croisai / croisais un visage familier.

....

SCORE ..../ 8

COUP DE POUCE
Change de personne pour différencier l'imparfait du passé simple et aide-toi des emplois de chacun de ces temps.

DICTÉE PRÉPARÉE

La narratrice raconte son arrivée dans une entreprise japonaise où elle doit effectuer un stage.

Le 8 janvier 1990, l'ascenseur me cracha au dernier étage de l'immeuble Yumimoto. Je ne songeai pas à me présenter à la réception.
– Pourquoi n'avez-vous pas averti la réceptionniste de votre arrivée ?
Je ne trouvai rien à répondre et ne répondis rien. J'inclinai la tête constatant que j'avais déjà produit une mauvaise impression, le jour de mon entrée dans la compagnie. L'homme me dit qu'il s'appelait monsieur Saito. Il me conduisit à travers d'innombrables et immenses salles dans lesquelles il me présenta à des hordes de gens, dont j'oubliais le nom au fur et à mesure qu'il les énonçait.

Amélie Nothomb, *Stupeur et tremblements*, © Albin Michel, 2000.

3 Des terminaisons homophones

a. Surligne dans la dictée trois verbes du 1er groupe à la 1re personne du singulier du passé simple et encadre un verbe du 1er groupe à la 1re personne du singulier de l'imparfait.

b. Réécris les phrases soulignées en remplaçant le pronom *je* par le pronom *elle*.

Elle ne ....

....

c. Coche les affirmations justes parmi celles qui te sont proposées ci-dessous.

Le passage de la 1re à la 3e personne m'a permis de distinguer :
1. ❑ les verbes du 1er groupe homophones à la 1re personne du passé simple et de l'imparfait,
2. ❑ les actions du récit qui sont au premier plan de celles de second plan,
3. ❑ les actions qui se répètent dans le passé et les descriptions.

SCORE .... / 11

INFO Ce sont des verbes dont les terminaisons sont homophones.

4 L'imparfait

a. Conjugue les verbes suivants aux personnes demandées de l'imparfait de l'indicatif.

j'oubliais → nous .... il énonçait → nous ....

b. Entoure la bonne réponse.

Il lui donnait / donnaient des informations mais elle les oubliait / oubliaient / oubliais.

SCORE .... / 4

ATTENTION Identifie le sujet pour accorder correctement le verbe.

5 Passé simple ou participe passé ?

a. Complète les terminaisons des verbes si nécessaire.

1. Vous n'avez pas averti ...... le réceptionniste. 2. Je ne répondi ...... rien. 3. Il me conduisi ...... dans des salles.

b. Entoure les verbes au passé simple et encadre le verbe au participe passé.

SCORE .... / 6

ATTENTION Ne confonds pas la terminaison du participe passé avec celle du passé simple. Lis la leçon 12, page 28.

6 DICTÉE TYPE BREVET

Et maintenant, fais-toi dicter le texte figurant dans le livret, p. 10.

Corrigés p. 9

TOTAL .... / 32

9 Accorder le verbe avec son sujet

Le verbe s'accorde en personne et en nombre avec le sujet.

- Quand le sujet est le **pronom relatif *qui***, il faut chercher l'antécédent :
  *C'est moi qui **ai** fermé la porte. C'est toi qui **es** en retard.*
- Quand le verbe s'accorde avec un **groupe nominal**, il peut selon le sens s'accorder avec le nom ou le complément du nom :
  ***Une nuée** d'hirondelles **surgissait** dans le ciel.*
  ou *Une nuée **d'hirondelles** **surgissaient** dans le ciel.*
- Quand un verbe a **deux sujets au singulier unis par les conjonctions de coordination *ou* ou *ni***, il se met au pluriel sauf si l'action n'est attribuée qu'à un seul sujet :
  ***Ni** le plombier **ni** l'électricien ne **viendront** me dépanner le dimanche.*
  *La poêle **ou** la casserole **suffira** pour préparer ce plat.*
- Quand le sujet contient un **déterminant indéfini de quantité** (*beaucoup de*, *la plupart de*...), l'accord se fait au pluriel : ***La plupart** d'entre nous n'**avaient** rien entendu.*
- Dans le cas du **présentatif *c'est***, l'accord se fait de préférence avec l'attribut du sujet :
  *C'était / **C'étaient** des bancs de poissons volants.*
  sujet — attribut du sujet

1 ★★ **Conjugue à l'imparfait les verbes entre parenthèses.**
Souligne le sujet de chacun de ces verbes et vérifie l'accord du verbe avec le sujet.

En face de l'école, il y .... (avoir) l'abattoir municipal. Pendant que ma mère .... (faire) son petit ménage, je .... (grimper) sur une chaise et je .... (regarder) l'assassinat des bœufs et des porcs. Lorsque les malheureux bœufs .... (recevoir) le coup de merlin entre les cornes et .... (tomber) sur les genoux, j'.......................... (admirer) la force du boucher. La mise à mort des porcs me .... (faire) rire aux larmes parce qu'on les .... (tirer) par les oreilles et qu'ils .... (pousser) des cris stridents.

D'après Marcel Pagnol, *La Gloire de mon père*, © Bernard de Fallois, 1957. Site marcel-pagnol.com

SCORE ..../ 10

COUP DE POUCE
Deux verbes ont le même sujet.

2 ★★ **Souligne les sujets pour accorder comme il convient les verbes au présent de l'indicatif.**

1. Ni la campagne, ni la mer ne l'intéresse...... ; seule la montagne la passionne...... . **2.** Un vol de canards sauvages survole...... la région. **3.** Toi qui navigue...... beaucoup, raconte......-nous tes aventures sur mer. **4.** Elle ne sait pas encore si c'est ton père ou ta mère qui l'accompagne...... à l'école. **5.** Un groupe d'élèves aime...... lire les livres de Roald Dahl qui raconte...... son enfance.

SCORE ..../ 8

COUP DE POUCE
Dans les phrases 2 et 5, l'accord du verbe se fait, selon le sens, avec le nom noyau ou le complément du nom.

DICTÉE PRÉPARÉE

Le narrateur assiste, depuis un appartement où il s'est caché, à la révolte du ghetto de Varsovie. Il vient d'apprendre que les Alliés avaient triomphé en Afrique.

Parallèlement à ces informations encourageantes en provenance du continent africain, ce que Lewicki pouvait apprendre quant au destin tragique que connaissaient mes frères de Varsovie, cette poignée de Juifs qui avaient résolu d'opposer une résistance active aux Allemands, était effrayant. Par les journaux clandestins qu'on me transmettait, j'ai suivi la poursuite du soulèvement dans le ghetto, les combats immeuble par immeuble, rue après rue, les lourdes pertes subies par les nazis. Malgré le recours à l'artillerie, aux chars, à l'aviation, il leur a fallu des semaines pour écraser les rebelles.

Wladyslaw Szpilman, *Le Pianiste*, © Pocket, 2002.

3 **Encadre l'antécédent du sujet *qui* dans la proposition en couleur dans la dictée.**

SCORE ..../ 1

4 **Quelle est la fonction du groupe nominal souligné *mes frères de Varsovie* ?**

❑ complément d'objet direct ❑ sujet

SCORE ..../ 1

5 ***Quand* ou *quant* ?**

1. .... le ghetto de Varsovie entre en rébellion, les Allemands déploient leur artillerie. 2. .... au narrateur, il assiste à la rébellion des fenêtres de l'appartement où il s'est caché. 3. .... Lewicki a appris le destin de ses frères, il a été effrayé.

SCORE ..../ 3

6 ***Leurs* ou *leurs* ?**

a. Complète le texte suivant en cochant la bonne réponse.

Il leur *a fallu des semaines pour écraser les rebelles.*

Dans cette phrase, *leur* placé avant un ❑ verbe ❑ nom est un ❑ déterminant possessif ❑ pronom personnel. C'est le pluriel de ❑ *lui* ❑ *le*. Il est ❑ variable ❑ invariable.

b. Complète par *leur* ou *leurs*. Surligne *leur* pronom personnel.

1. Aude et Karl vivent à Lyon. .... enfants font .... études à l'étranger. Ils .... manquent.

2. Les élèves de 6e A font de l'allemand. .... professeur .... a promis de les emmener à Berlin.

SCORE ..../ 9

COUP DE POUCE

L'antécédent détermine la personne et le nombre du pronom relatif sujet *qui*.

INFO

• *Quand* peut être remplacé par *lorsque*.
• *Quant* (*à*, *au*, *aux*) peut être remplacé par *en ce qui concerne*.

INFO

Le déterminant possessif *leur* s'accorde en nombre avec le nom qui suit.

7 **DICTÉE TYPE BREVET** Et maintenant, fais-toi dicter le texte figurant dans le livret, p. 10.

Corrigés p. 10

Plus d'exercices sur www.hatier-entrainement.com

TOTAL ..../ 32

10 Accorder le verbe avec un sujet inversé

- **Le verbe s'accorde avec le sujet.** Celui-ci est généralement placé avant le verbe :

  *[Molière] **est** un grand auteur dramatique du XVIIe siècle.*
  sujet

- Quand le sujet est placé après le verbe, on dit qu'il est **inversé**. Il peut l'être :
  – dans une **phrase interrogative** :

  *Où **est** [mon canif] ?*
  sujet

  – dans la **proposition incise** d'un dialogue qui précise l'identité du locuteur :

  *Effacez bien cela ! **dit** [le principal].*
  sujet

  – quand la phrase commence par un **adverbe** :

  *<u>Peut-être</u> ne **s'est**-[il] pas **réveillé**. <u>Sans doute</u> **sera**-t-[il] en retard.*
  adverbe — sujet — adverbe — sujet

  – quand la phrase commence par un **complément circonstanciel** :

  *<u>À Paris</u> **se trouvent** [de nombreux musées].*
  CC — sujet

- Dans une **proposition subordonnée relative**, le sujet peut aussi être inversé :

  *Je rêve d'un pays <u>où **règnent**</u> [la lumière] et [la couleur].*
  sujet — sujet

★★ 1 Justifie l'inversion des sujets soulignés en t'aidant de la leçon.

COUP DE POUCE
Tu dois retrouver tous les cas d'inversion cités dans la leçon.

1. Peut-être êtes-<u>vous</u> trop perfectionniste ? ……………………
2. Qui es-<u>tu</u> ? ……………………
3. « Rends-moi les clefs ! » demanda <u>Marine</u> à sa fille. ……………………
4. J'ai visité la maison où vécut <u>Victor Hugo</u> pendant son exil. ……………………
5. Devant elle se trouvaient <u>une femme</u> et <u>ses deux enfants</u>. ……………………

SCORE ……… / 5

★★ 2 a. Encadre le(s) sujet(s) inversé(s) des verbes en couleur puis complète les terminaisons.

COUP DE POUCE
Observe que chacune des phrases du texte commence par un complément circonstanciel de lieu.

Sous ses yeux, baignée par les rayons lunaires, s'arrondissai…… une enceinte fortifiée dans laquelle s'élevai…… deux cathédrales, trois palais et un arsenal. Autour de cette enceinte se dessinai…… trois villes distinctes, que dominai…… les tours, les clochers, les minarets.

D'après Jules Verne, *Michel Strogoff*, 1876.

b. Surligne deux compléments circonstanciels placés en tête de phrase.

c. Souligne deux propositions subordonnées relatives.

SCORE ……… / 12

DICTÉE PRÉPARÉE

Le narrateur décrit le jardin de son oncle chez qui il passe une partie de l'été.

Ce jardin n'attenait pas à la maison. On y entrait par une porte que fermait une énorme clé. Il y avait plusieurs pruniers, d'où tombaient, trop mûres, sur la terre brûlante, ces mêmes délicieuses prunes qu'on mettait à sécher sur les toits ; le long des vieilles allées, couraient des vignes dont les raisins musqués étaient dévorés par des légions de mouches et d'abeilles. Et tout le fond, – car il était très grand, ce jardin, – était abandonné à des luzernes, comme un simple champ.
Le charme de ce vieux verger était de s'y sentir enclos, enfermé à double tour, absolument seul dans beaucoup d'espace et de silence.

Pierre Loti, *Le Roman d'un enfant*, © Garnier-Flammarion, 1988.

3 **Surligne le ou les sujets placés avant les verbes soulignés dans la dictée, et encadre le ou les sujets inversés.**

SCORE ..../ 10

> **ATTENTION** Pose bien la question *Qui est-ce qui ?* afin de ne pas confondre le sujet inversé avec le COD.

4 **Trois sujets sont inversés dans la dictée. Recopie-les et justifie leur inversion en cochant la bonne case.**

1. ....
❑ CC en tête de phrase ❑ prop. subord. relative ❑ adverbe en tête de phrase

2. ....
❑ CC en tête de phrase ❑ prop. subord. relative ❑ adverbe en tête de phrase

3. ....
❑ CC en tête de phrase ❑ prop. subord. relative ❑ adverbe en tête de phrase

SCORE ..../ 6

> **INFO** Dans la proposition subordonnée relative, l'inversion du sujet n'est pas obligatoire. On peut aussi écrire : *On y entrait par une porte qu'une énorme clé fermait.*

5 **Réécris la phrase suivante en mettant au singulier tous les groupes nominaux en couleur. Attention à l'accord des verbes.**

Le long des vieilles allées, couraient des vignes dont les raisins musqués étaient dévorés par des légions de mouches et d'abeilles.

→ Le long de la ....

....

....

SCORE ..../ 6

6 **Explique la formation de l'adverbe *absolument*.**

....

SCORE ..../ 1

> **COUP DE POUCE** Aide-toi du chapitre 27, page 58.

7 **Entoure l'homonyme qui convient dans chacune des phrases suivantes.**

1. Il a posé son échelle sur le mur / mûr.
2. Il a mangé ce fruit mur / mûr.

SCORE ..../ 2

8 DICTÉE TYPE BREVET Et maintenant, fais-toi dicter le texte figurant dans le livret, p. 11.

Corrigés p. 11

Plus d'exercices sur www.hatier-entrainement.com

TOTAL ..../ 42

11 Écrire un verbe aux temps composés de l'indicatif

Pour conjuguer les verbes aux temps composés, il faut connaître les conjugaisons des auxiliaires aux temps simples (voir pages 62-63) et les terminaisons des participes passés : *j'ai **chanté**, tu avais **fini**, il aura **pris**, j'aurais **eu**.*

Terminaisons des participes passés

- Le participe passé des verbes du 1er **groupe** est toujours en *-é* (*chanté*).
- Le participe passé des verbes du 2e **groupe** est toujours en *-i* (*fini*).
- Le participe passé des verbes du 3e **groupe** présente plusieurs terminaisons possibles : en *-i*, *-is*, *-it* (*parti*, *mis*, *dit*), en *-u* (sauf *inclus* et *reclus*) ou en *-t* (*ouvert*).

Formation des temps composés

Passé composé (PC)	auxiliaire au présent + p. passé	*Il **a téléphoné** à sa cousine.*
Plus-que-parfait (PQF)	auxiliaire à l'imparfait + p. passé	*Il lui **avait dit** de venir le voir.*
Passé antérieur (PA)	auxiliaire au passé simple + p. passé	*Quand le vent **fut venu**, la température chuta.*
Futur antérieur (FA)	auxiliaire au futur simple + p. passé	*Quand il **aura fini** son travail, il lira.*

1 **Conjugue les verbes aux personnes demandées du passé simple et du passé composé.**

	Passé simple	Passé composé
convaincre	je	j' ....
débattre	il	il ....
transmettre	il	il ....
rougir	tu	tu ....
interrompre	il	il ....

SCORE ..../ 10

ATTENTION
Pour écrire le son qui convient, tu dois modifier le radical du verbe *convaincre*, au passé simple.

COUP DE POUCE
Distingue bien le passé simple et le participe passé des verbes du 3e groupe : *je vis / j'ai vu*.

2 **Dans les phrases suivantes, conjugue les verbes aux temps composés demandés.**

1. Vous .... *(inclure, PQP)* le service après-vente. **2.** Nous t'avertirons quand ils .... *(recevoir, FA)* la réponse. **3.** Si je ne lui .... pas .... *(permettre, PQP)* de prendre ma voiture, il serait arrivé en retard. **4.** Il .... *(construire, PC)* lui-même sa maison. **5.** Ils amélioreront leurs résultats quand ils .... *(acquérir, FA)* plus d'expérience. **6.** Emma .... *(peindre, PQP)* un magnifique tableau.

SCORE ..../ 6

COUP DE POUCE
Mets les participes passés des verbes du 3e groupe au féminin pour entendre la consonne finale muette : *pris / prises*.

DICTÉE PRÉPARÉE

Le colonel Chabert raconte comment il a été laissé pour mort sur le champ de bataille.

Donc, Monsieur, les blessures que j'ai reçues auront probablement produit un tétanos, ou m'auront mis dans une crise analogue à une maladie nommée je crois catalepsie. Autrement, comment concevoir que j'aie été, suivant l'usage de la guerre, jeté dans la fosse aux soldats par les gens chargés d'enterrer les morts ? Ici permettez-moi de placer un détail que je n'ai pu connaître que postérieurement à ce qu'il faut bien appeler ma mort. J'ai rencontré, en 1814, un ancien maréchal des logis de mon régiment. Ce cher homme, le seul qui ait voulu me reconnaître, m'expliqua le phénomène de ma conservation.

Honoré de Balzac, *Le Colonel Chabert*, 1844.

3 Les temps composés

a. Complète le tableau suivant à l'aide de verbes que tu relèveras dans la dictée.

Passé composé	Futur antérieur	Passé du subjonctif
....	....	....
....	....	....
....		

b. Complète à l'aide des participes passés des verbes du 3e groupe relevés dans la question **a**.

P. passé en *-is*	P. passé en *-it*	Participe passés en *-u*
....	....	...................., ..., ...

SCORE ..../ 10

4 Les formes homophones : *ai / aie / ait*

a. Réécris les verbes des groupes de mots en couleur à la 3e personne du singulier pour différencier le présent de l'indicatif du présent du subjonctif.

1. ....

....

2. ....

b. À quels temps et mode le verbe souligné dans la dictée est-il conjugué ?

....

SCORE ..../ 3

5 L'accord du participe passé

a. Le participe passé *reçues* est employé :

❑ sans auxiliaire. ❑ avec l'auxiliaire *être*. ❑ avec l'auxiliaire *avoir*.

b. Il s'accorde avec : ❑ le GN sujet *les blessures*. ❑ le pronom relatif COD *que*.

c. Quel est l'antécédent du pronom relatif *que* ? ....

SCORE ..../ 3

6 DICTÉE TYPE BREVET Et maintenant, fais-toi dicter le texte figurant dans le livret, p. 12.

Plus d'exercices sur www.hatier-entrainement.com

INFO

Le passé du subjonctif se conjugue avec l'auxiliaire *avoir* au présent du subjonctif suivi du participe passé : *qu'il ait chanté.*

COUP DE POUCE

• Pour différencier les formes homophones *j'ai / que j'aie*, il faut changer de personne : *tu as / que tu aies, il a / qu'il ait.*
• Lis la leçon du chapitre 19, p. 42.

COUP DE POUCE

Aide-toi du chapitre 13, page 30.

Corrigés p. 12

TOTAL ..../ 32

12 Distinguer les terminaisons verbales -i, -is, -it et -u, -us, -ut

- Il faut bien **distinguer les terminaisons homophones** des verbes des 2e et 3e groupes au passé simple et au participe passé.

		Passé simple	Participe passé
2e groupe	finir	je finis, tu finis, il finit	fini
3e groupe	partir	je partis, tu partis, il partit	parti
	apercevoir	j'aperçus, tu aperçus, il aperçut	aperçu
3e groupe	prendre	je pris, tu pris, il prit	pris (→ *une chose prise*)
	dire	je dis, tu dis, il dit	dit (→ *une chose dite*)

- Le **passé simple** peut être remplacé dans une phrase par un présent (de narration) :
  *Il **partit** [part] en vacances au début du mois de juillet.*

- Le **participe passé** se rencontre :
  – après l'auxiliaire *être* ou *avoir*, quand il est employé comme verbe à un temps composé :
  *j'ai **fini** ; il était **parti** ; j'aurais **pris** ; tu eus **dit***
  – dans un groupe nominal, quand il est employé comme adjectif qualificatif :
  *un travail **fini** ; un bateau **aperçu** au loin*

★★ 1 Complète les terminaisons verbales.

1. Après ces événements, la vie repri...... son cours. **2.** Tout article vendu en solde n'est ni repri...... ni échangé. **3.** Tout élève qui n'est pas admi...... à passer en seconde peut faire appel. **4.** Il admi...... qu'il avait fait une bêtise. **5.** Je t'ai transmi...... les documents.

SCORE ..../ 5

COUP DE POUCE
Prononce au féminin les participes passés du 3e groupe pour vérifier s'ils se terminent par une consonne muette (pri<u>s</u> / pri<u>se</u>).

★★ 2 a. Entoure la forme verbale qui convient dans les phrases suivantes.

1. J'ai voulu / voulus / voulut te prévenir, mais je n'ai pas pu / pus / put le faire.
2. Cet élève a été exclu / exclus / exclut.
3. Le prix inclu / inclus / inclut le service après-vente.
4. J'ai conclu / conclus / conclut un accord avec lui.
5. Je m'aperçu / aperçus / aperçut qu'il n'avait pas revu / revus / revut ses leçons.

b. Quelle est la terminaison habituelle des participes passés en [-*u*] ?

❑ u ❑ us ❑ ut

SCORE ..../ 8

ATTENTION
Lis l'info de l'exercice 4, page 29.

★★ 3 Complète le texte avec les terminaisons *-us, -ut, -u*.

> Je m'évanouis en descendant de cheval, et je cr...... que j'allais crever dans les broussailles comme un lièvre qui a reç...... du plomb. Carmen était à Grenade, et accour.......

D'après Prosper Mérimée, *Carmen*, 1845.

SCORE ..../ 3

COUP DE POUCE
Vérifie que tu as employé chacune des terminaisons proposées.

DICTÉE PRÉPARÉE

Le colonel Chabert raconte à l'avoué maître Derville comment il a été laissé pour mort sur le champ de bataille d'Eylau, son corps enseveli sous celui de ses camarades.

En ce moment, je m'aperçus que j'avais la tête ouverte. Par bonheur, mon sang, celui de mes camarades ou [la peau meurtrie] de mon cheval peut-être, que sais-je ! m'avait, en se coagulant, comme enduit d'un emplâtre naturel. Malgré cette croûte, je m'évanouis quand mon crâne fut en contact avec la neige. Cependant, le peu de chaleur qui me restait ayant fait fondre la neige autour de moi, je me trouvai, quand je repris connaissance, au centre d'une petite ouverture par laquelle je criai aussi longtemps que je pus. Mais alors le soleil se levait, j'avais donc bien peu de chances pour être entendu.

Honoré de Balzac, *Le Colonel Chabert*, 1844.

4 **Souligne dans la dictée les formes verbales qui se terminent par *-u, -us, -ut* et classe-les dans le tableau ci-dessous.**

Verbes au passé simple en *-us, -us, -ut*	Verbes au participe passé en *-u*
.... ;	....
....	

SCORE .... / 4

5 **Surligne dans la dictée les formes verbales qui se terminent par *-i, -is,-it.***

SCORE .... / 4

6 **Le participe passé *enduit***

a. Dans la phrase en couleur dans la dictée, explique la présence de la consonne finale du participe passé *enduit* : ....

....

b. Ce participe passé est employé :

❑ comme adjectif qualificatif. ❑ dans la formation d'un temps composé.

SCORE .... / 2

7 **Le participe passé *meurtrie***

a. Dans le groupe nominal encadré, *la peau meurtrie*, quel est le nom caractérisé par le participe passé *meurtrie* ? ....

b. Quelle est la fonction de ce participe passé ?

❑ épithète ❑ attribut ❑ apposé

SCORE .... / 2

8 **Complète le texte avec les terminaisons *-i, -is, -it.***

> Le lendemain de l'exécution d'Ulbach, il se m...... à écrire ce livre. Quand un de ces crimes publics a été comm......, sa conscience lui a d...... qu'il n'en était plus solidaire.

D'après Victor Hugo, *Le Dernier Jour d'un condamné*, 1829.

SCORE .... / 3

9 **DICTÉE TYPE BREVET** Et maintenant, fais-toi dicter le texte figurant dans le livret, p. 13.

INFO
Les participes passés en -u n'ont pas de consonne finale au singulier, sauf *inclus* et *reclus*.

INFO
avait [...] enduit : le verbe *enduire* est conjugué au plus-que-parfait (voir leçon 11, page 26).

COUP DE POUCE
Un de ces verbes est au passé simple et les deux autres sont des participes passés.

Corrigés p. 13

TOTAL .... / 31

13 Accorder un participe passé

- **Employé sans auxiliaire**, le participe passé joue le rôle d'un adjectif qualificatif. Il s'accorde en genre et en nombre avec le nom ou le groupe nominal qu'il caractérise :

  Les élèves, ravis, attendent l'arrivée de leurs correspondants.

- Le participe passé employé **avec l'auxiliaire *être*** ou un **verbe d'état** (*sembler, paraître, demeurer, devenir, rester, avoir l'air*…) s'accorde en genre et en nombre avec le sujet :

  En hiver, les montagnes (sujet) *sont enneig**ées**.*

- Le participe passé employé **avec l'auxiliaire *avoir*** s'accorde en genre et en nombre avec le COD quand celui-ci est placé avant le verbe :
  - Avec un pronom personnel COD : *Les copies, il **les** (COD) a corrig**ées** rapidement.*
  - Avec un pronom relatif COD : *L'émission **que** (COD) j'ai **vue** à la télévision était excellente.*

Attention ! Le participe passé employé avec l'auxiliaire *avoir* ne s'accorde pas :
– si le COD est placé après le verbe : *Le professeur a corrigé **les copies*** [COD] ;
– si le COD est le pronom *en* : *Je n'achète pas de fraises car j'**en*** [COD] *ai mangé hier* ;
– s'il s'agit du participe passé du verbe *faire* suivi d'un verbe à l'infinitif : *Elle lui apporte les livres qu'il lui a **fait** acheter.*

★★ 1 Remplace le groupe nominal COD en couleur par un pronom personnel et accorde le participe passé comme il convient.

Ex. : *Le professeur a averti les élèves de la date du prochain contrôle.*
→ *Le professeur les a avertis de la date du prochain contrôle.*

1. Paul a appelé sa sœur samedi dernier. → ……………………………………………
2. Nous avons mangé les glaces. → ……………………………………………

SCORE ……… / 4

COUP DE POUCE
Devant une voyelle, les pronoms personnels *le*, *la* s'élident en *l'* (*je la prends* → *Je l'ai prise*).

★★ 2 Accorde comme il convient les participes passés employés avec l'auxiliaire *avoir*.

Ex. : *Rends-moi les livres que* [COD] *je t'ai prêtés.*

1. J'ai lu les livres que tu m'avais conseillé …… .
2. Tu as planté les fleurs qu'on t'a offert …… .
3. Il a demandé à son amie de lui donner la recette qu'elle avait préparé …… pour le dîner.

SCORE ……… / 3

ATTENTION
Il faut identifier le genre et le nombre de l'antécédent du pronom relatif *que* pour accorder le participe passé comme il convient.

★★ 3 Accorde si nécessaire les participes passés. Surligne le mot avec lequel tu fais l'accord.

1. Elle a terminé …… les exercices de révision que son professeur lui a fait …… faire. Il les lui a corrigé …… .
2. Martin a des difficultés dans la résolution des problèmes. Il en a parlé …… à son professeur. Celui-ci lui a donné …… des conseils qu'il a suivi …… .

SCORE ……… / 6

COUP DE POUCE
Relis le troisième point de la leçon ci-dessus.

DICTÉE PRÉPARÉE

À voir Yvonne de Galais, on eût dit que cette maison nous appartenait, que nous l'avions abandonnée durant un long voyage. Elle ouvrit, en se penchant, une petite grille, et se hâta d'inspecter avec inquiétude le lieu solitaire. Une grande cour herbeuse était ravinée par l'orage. Un cerceau trempait dans une flaque d'eau. Dans les jardinets, où les enfants avaient semé des fleurs et des pois, la grande pluie n'avait laissé que des traînées de gravier blanc. Et enfin nous découvrîmes, blottie contre le seuil d'une des portes mouillées, toute une couvée de poussins transpercée par l'averse. Presque tous étaient morts sous les ailes raidies et les plumes fripées de la mère.

Alain-Fournier, *Le Grand Meaulnes*, 1913.

4 **Sur la première ligne du tableau, écris les participes passés de la dictée employés sans auxiliaire. Indique, sur la seconde ligne, le groupe nominal ou le pronom avec lequel chacun d'eux s'accorde.**

blottie	....	....	....	....
toute une couvée de poussins transpercée par l'averse	....	....	....	....

SCORE ..../ 8

> **INFO**
> Tous les participes passés sont employés comme des adjectifs qualificatifs.

5 **Les participes passés employés avec *avoir***

a. Relève trois participes passés employés avec l'auxiliaire *avoir* qui ne s'accordent pas, puis coche la raison pour laquelle ils ne s'accordent pas.

Les participes ...., ..., ..., ne s'accordent pas car :

❑ il n'y a pas de COD. ❑ le COD est placé après le verbe.

b. Dans la phrase suivante, entoure le mot avec lequel s'accorde le participe passé, puis indique sa fonction.

Nous l'avions abandonnée durant un long voyage.

❑ un pronom personnel en fonction de COD ❑ un déterminant

SCORE ..../ 6

6 **Les participes passés employés avec *être***

a. Souligne les participes passés de la dictée employés avec *être*.

b. Encadre le mot ou le groupe de mots avec lequel s'accorde chacun de ces participes passés.

c. Quelle est la fonction de ces mots encadrés ?

❑ sujet ❑ attribut ❑ COD

SCORE ..../ 5

> **COUP DE POUCE**
> Relis le deuxième point de la leçon page 30.

7 **Entoure la forme qui convient : *eut / eût*.**

1. Il eut / eût mieux valu le lui dire.

2. Quand il eut / eût terminé son livre, il sortit.

3. On eut / eût dit qu'il voulait te parler.

SCORE ..../ 3

> **COUP DE POUCE**
> Écris *eût* quand tu peux le remplacer par *aurait*.

8 **DICTÉE TYPE BREVET** Et maintenant, fais-toi dicter le texte figurant dans le livret, p. 14.

Corrigés p. 14

Plus d'exercices sur www.hatier-entrainement.com

TOTAL ..../ 35

14 Accorder le participe passé d'un verbe pronominal

Un verbe pronominal se conjugue avec un pronom personnel (*se regarder : je me regarde*). Pour bien accorder leur participe passé, il faut distinguer plusieurs cas :

- Les verbes pronominaux **de sens réfléchi** expriment une action faite par le sujet sur lui-même. Leurs participes passés s'accordent en genre et en nombre avec le COD placé avant le verbe :

  *Elle **s'*** [COD] *est regardée* [s' = elle-même].

- Les verbes pronominaux **de sens réciproque** expriment une action que plusieurs sujets exercent les uns sur les autres. Leurs participes passés s'accordent en genre et en nombre avec le COD placé avant le verbe :

  *Nous **nous*** [COD] *sommes rencontrés chez des amis* [*nous* = l'un l'autre].

- Certains verbes existent seulement à la voix pronominale (*se souvenir, s'écrier, s'emparer, s'accouder, s'enfuir, s'évanouir*...). On dit qu'ils sont **essentiellement pronominaux**. Leurs participes passés s'accordent en genre et en nombre avec le sujet :

  Elle [sujet] *s'est évanouie*.

- Les verbes **pronominaux de sens passif** expriment une action que le sujet subit. Leurs participes passés s'accordent en genre et en nombre avec le sujet :

  La lumière [sujet] *s'est éteinte* [la lumière a été éteinte].

★★ 1

a. Souligne le verbe pronominal de sens passif et surligne les verbes essentiellement pronominaux.

b. Accorde comme il convient le participe passé et encadre le mot avec lequel tu fais l'accord.

1. Ces tableaux se sont vendu ...... très cher.
2. Vous vous êtes évadé ....
3. Les oiseaux se sont envolé ....

SCORE .... / 9

★★ 2

Identifie la fonction du pronom *se* dans les phrases suivantes et accorde le participe passé si nécessaire.

1. Ils se sont parlé ...... au téléphone. → Fonction : ....
2. Ils se sont retrouvé ...... après des années de séparation. → Fonction : ....
3. Les chefs se sont succédé ...... de père en fils. → Fonction : ....

SCORE .... / 6

COUP DE POUCE
Un seul participe passé s'accorde avec le pronom *se* COD.

★★ 3

Accorde le participe passé si nécessaire.

1. Marine s'est cogné .... **2.** Marine s'est cogné ...... le coude. **3.** Pierre et Hugo se sont téléphoné .... **4.** Les élèves se sont prêté ...... les documents.

SCORE .... / 4

ATTENTION
Si le pronom *se* est en fonction de COI, le participe passé ne s'accorde pas (*Ils **se** sont parlé.* COI [*se* = l'un à l'autre]).

Chouette

3e

14-15 ANS

Le guide

Dictées

Les corrigés des exercices
Tous les corrigés détaillés, avec des explications complémentaires

Des dictées complémentaires
Le texte d'une dictée non préparée pour chacun des chapitres du cahier

Des infos parents
Au centre du livret, des informations sur le programme et des conseils pour aider votre enfant dans son travail

Hatier

1 Former le pluriel d'un nom composé ou d'un adjectif de couleur

1 **1.** un porte-monnaie → des porte-monnaie
2. un garde-meuble → des garde-meubles
3. un haut-parleur → des haut-parleurs
4. une porte-fenêtre → des portes-fenêtres
5. un garde-chasse → des gardes-chasse(s)

EXPLICATION
- Les porte-monnaie (objet qui sert à porter de la monnaie) : *porte* est un verbe, il reste invariable.
- Des haut-parleurs, des arrière-boutiques : *haut* et *arrière* sont des adverbes, ils restent invariables.
- Les portes-fenêtres : *porte* est un nom, il s'accorde.

2 **1.** des porte-bagages : un porte-bagages
2. des lauriers-roses : un laurier-rose
3. des vide-ordures : un vide-ordures
4. des porte-clés : un porte-clés

EXPLICATION
Un *porte-bagages* sert à porter les bagages ; *un porte-clés* sert à porter les clés. Les verbes restent invariables.

3 **1.** Adrien porte une casquette bleue et des baskets noires. **2.** Marine a les yeux vert amande et les cheveux châtain clair. **3.** Sur ce tableau de Monet, les coquelicots font des taches rouge vif dans l'herbe verte. **4.** Elle a mis des rubans cerise sur son chapeau en paille.

EXPLICATION
Les trois adjectifs soulignés sont des adjectifs de couleur composés. Ils restent invariables. *Cerise* est un adjectif dérivé d'un nom de fruit. Il reste donc invariable.

4 **a.** *Châtain clair* est un adjectif de couleur composé. Il reste donc invariable.
b. 1. des cheveux blonds **2.** des cheveux bruns **3.** des cheveux châtains **4.** des cheveux blond cendré

5 **a.** Le mot est un verbe. **b.** un couvre-pieds → des couvre-pieds **c.** Le *couvre-pieds* est un objet qui sert à couvrir les pieds.

6 Rien ne se passait comme Lemasque l'avait cru. Il s'était préparé avec une exaltation profonde à un acte terrible, mais plein de solennité. Trois hommes siégeaient. Devant eux le traître défendait sa vie par des mensonges, des cris désespérés. On le confondait. Et Lemasque le tuait, fier de trouer un cœur criminel. Au lieu de cette justice farouche… les pas de ses complices qui résonnaient à l'étage supérieur et devant lui cet homme aux cheveux châtain clair, jeune, de figure triste et docile, avec son grain de beauté au milieu de la lèvre et qui regardait obstinément un couvre-pieds rouge.
b. *Solennité* est un nom dérivé de l'adjectif qualificatif *solennel* qui signifie *grave, cérémonieux, pompeux*.

EXPLICATION
Attention aux exceptions ! La *dictée*, la *portée*, la *pâtée*, la *jetée* et la *montée*, et les noms qui expriment le contenu : la *pelletée* (le contenu d'une pelle).

7 **DICTÉE TYPE BREVET**

Les mots en violet sont en rapport avec la difficulté traitée dans la leçon.

Un jardin dénaturé

Je les connaissais bien, tous, comme si j'avais su leurs noms : le chat blanc borgne, aux oreilles déchirées par les combats, le chat roux, le chat noir aux yeux bleu ciel, […] la chatte grise aux yeux dorés […] L'hiver, le jardin était sombre et dégouttant de pluie, mais c'était bien quand même, par exemple de s'asseoir, le dos contre le tronc d'un palmier, et d'écouter la pluie faire son tambourinage sur les grandes palmes et sur les feuilles des lauriers.

Ensuite, il y a comme un grand vide dans ma vie, jusqu'au moment où, par hasard, j'ai retrouvé le jardin de la villa Aurore. […] Les grands immeubles étaient maintenant partout, ils avaient poussé en désordre sur la colline, jusqu'au sommet, serrés les uns contre les autres sur leurs grandes plates-formes de goudron.

Jean-Marie Gustave Le Clézio, « Villa Aurore »,
in *La Ronde et autres faits divers*, © Gallimard, 1982.

2 Identifier les emplois adverbiaux des adjectifs

1 **1.** Cet objet est cher (adjectif qualificatif).

2. Cette montre coûte cher (adverbe).

3. Ma tante a fait un bon (adjectif qualificatif) gâteau.

4. Ce gâteau sent bon (adverbe).

EXPLICATION
- Phrase 2 : *cher* est un adverbe. Il ne dit pas comment est la montre mais combien elle coûte.
- Phrase 4 : *bon* ne porte pas sur le nom *gâteau* mais sur le verbe *sentir*. C'est donc un adverbe.

2 **1.** Ces objets sont chers.
2. Ces montres coûtent cher. (adverbe invariable)
3. Ma tante a fait de bons gâteaux.
4. Ces gâteaux sentent bon. (adverbe invariable)

3 **1.** Ils marchent nu-pieds. **2.** Évitez de marcher pieds nus. **3.** Il arrive dans une heure et demie. **4.** Il arrive dans une demi-heure. **5.** Cette année, elle travaille à mi-temps.

EXPLICATION
Demi, mi, semi et *nu* sont invariables quand ils sont placés avant le nom auquel ils sont reliés par un trait d'union.

4 Ma bible était petite et d'un caractère très fin. Il y avait, entre les pages, des fleurs séchées auxquelles je tenais beaucoup ; surtout une branche de pieds-d'alouette qui me rappelait fort nettement les « gleux » de l'île d'Oléron.
Je ne sais pas comment cela se dit en français, des « gleux » : ce sont les tiges qui restent, des blés moissonnés ; ce sont ces champs de pailles jaunes, tondues court, que dessèche et dore le soleil d'août. Au-dessus des « gleux » de l'île, habités par des sauterelles, remontent et fleurissent très haut de tardifs bluets et des pieds-d'alouette, blancs, violets ou roses.

EXPLICATION
Trois adjectifs qualificatifs sont employés comme adverbes et restent donc invariables : *fort, court* et *haut*.

5 **a.** Voir corrigé de l'exercice **4**.
b. fort (nettement) ☑ adverbe
court (tondues) ☑ adj. qual. ou part. passé
haut (remontent et fleurissent) ☑ verbe
c. *Nettement* est construit à partir de l'adjectif qualificatif féminin *nette* auquel on a ajouté le suffixe adverbial *-ment*.

6 de tardifs bluets et des pieds-d'alouette

EXPLICATION
Les sujets sont inversés (placés après le verbe) car il y a un complément circonstanciel en tête de phrase (*Au-dessus des « gleux » de l'île*).

7 **1.** champ → champêtre, campagne
2. blanc → blancheur
3. pied → pédestre, pédaler, pédalier, pédales
4. court → écourter, courtaud

8 **DICTÉE TYPE BREVET**

Les mots en violet sont en rapport avec la difficulté traitée dans la leçon.
Les mots soulignés seront épelés au cours de la dictée (noms propres).

Hélène et Ravel

Au bas de la volée de huit marches étroites, freins serrés dans la rue en pente, stationne donc la 201 au volant de quoi Hélène frissonne en pianotant sur lui du bout de ses doigts laissés à nu par des mitaines en tricot bouton-d'or. Hélène est une assez jolie femme qui pourrait ressembler un peu à Orane Demazis, pour ceux qui se souviennent d'elle, mais dans ces années-là, pas mal de femmes peuvent avoir un petit quelque chose d'Orane Demazis. [...]

Depuis plus d'une demi-heure, en ce matin gelé d'entre deux fêtes, Hélène attend Ravel qui apparaît enfin, mallette en main, et, quant à lui vêtu d'un costume ardoise sous un bref pardessus chocolat. Pas mal non plus. Quoiqu'à la mode ancienne et peut-être un peu léger pour la saison.

Jean Echenoz, *Ravel*, © Éditions de Minuit, 2006.

3 Accorder les déterminants

1 **1.** Certaines races de chien sont plus agressives que d'autres.
2. Il ne faut pas se lancer dans n'importe quelle aventure sans réfléchir.
3. Chaque année, nous partons en vacances en Bretagne et nous faisons maintes sorties en bateau.

2 **1.** Il a pris le virage à une telle vitesse que la voiture a dérapé.
2. Vous prendrez tel médicament à telle heure.
3. Où vas-tu ? Nulle part.
4. Le résultat de cette addition est nul.
5. Nulle femme n'avait jamais accompli cet exploit à ce jour.

EXPLICATION
Attention, dans la phrase 4 c'est le résultat qui est nul et non pas l'addition.

3 21 → vingt et un
95 → quatre-vingt-quinze
2 900 → deux mille neuf cents
2 986 → deux mille neuf cent quatre-vingt-six
7 880 → sept mille huit cent quatre-vingts

4 **a.** Voici ce qu'on aurait pu apercevoir de cette antique demeure dans le champ d'une lunette. À huit ou neuf cents pieds en arrière du col de Vulkan, une enceinte, lambrissée d'un fouillis de plantes lapidaires. À chaque extrémité, deux bastions d'angle. Celui de droite est surmonté d'une maigre échauguette ou guérite à toit pointu ; à gauche, quelques pans de murs étayés de contreforts ajourés. Quant à ce que renfermait cette enceinte, s'il existait quelque bâtiment habitable à l'intérieur, si un pont-levis ou une poterne permettaient d'y pénétrer, on l'ignorait depuis nombre d'années.
b. chaque (extrémité)

5 **1.** quelques pans de murs étayés de contreforts ajourés
plusieurs pans de murs étayés de contreforts ajourés
2. quelque bâtiment habitable à l'intérieur
un certain/un quelconque bâtiment habitable à l'intérieur

6 **7** **a.**

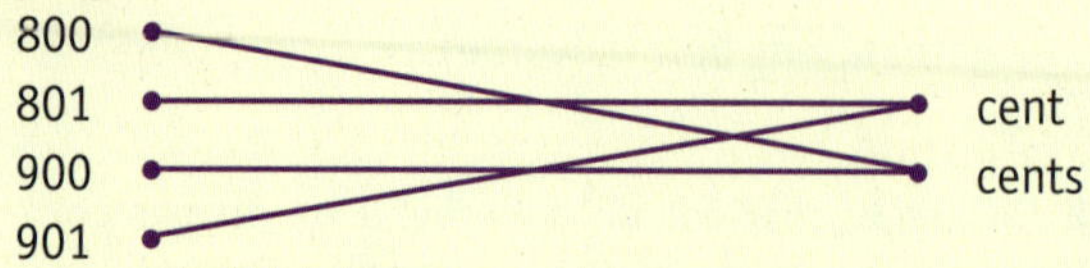

b. Les multiples de *cent* s'accordent s'ils ne sont suivis d'aucun chiffre.

8 **DICTÉE TYPE BREVET**

Les mots en violet sont en rapport avec la difficulté traitée dans la leçon.
Les mots soulignés seront épelés au cours de la dictée (noms propres ou vocabulaire vieilli).

Le paquebot *France*

Quant au paquebot *France*, le deuxième de ce nom, à bord duquel Ravel va s'en aller vers l'Amérique, il a encore neuf ans d'activité devant lui avant d'être vendu aux Japonais pour démolition. Navire amiral de la flotte qui assure la traversée transatlantique, c'est une masse d'acier riveté coiffée de quatre cheminées dont une décorative, bloc long de deux cent vingt mètres et large de vingt-trois, sorti voici vingt-cinq ans des Ateliers de Saint-Nazaire-Penhoët. De la première à la quatrième classe, ce bâtiment peut transporter quelque deux mille passagers en plus des cinq cents hommes d'équipage de l'état-major. Fort de ses vingt-deux mille cinq cents tonneaux, propulsé à une vitesse moyenne de vingt-trois nœuds par quatre groupes de turbines Parson qu'alimentent trente-deux chaudières [...] développant quarante mille chevaux.

Jean Echenoz, *Ravel*, © Éditions de Minuit, 2006.

4 Identifier et écrire tout

1 1. Ces ordinateurs sont tout neufs. [entièrement]
2. Il préfère l'été à **toute** autre saison. [n'importe quelle]
3. Martin préfère les jeux de dames à **tout** autre jeu. [n'importe quel]
4. Elle est tombée dans la piscine tout habillée. [entièrement]
5. Cléopâtre était toute rouge de colère. [entièrement, très]
6. Dans ce magasin, tout doit disparaître avant les travaux. [toute chose]

2 1. De **tous** les livres que j'ai lus, c'est celui que je préfère.
2. Mes résultats sont tout à fait conformes à mes attentes : mes objectifs sont tous atteints.
3. **Tout** élève devra rechercher un stage.
4. Il suffit de faire les branchements pour que tout fonctionne.
5. Le jardin était tout embaumé par l'odeur des fleurs.

3

tous les animaux	déterminant indéfini
tout attentifs	adverbe
tout à l'heure	adverbe
tout loisir	déterminant indéfini
tout autre animal	déterminant indéfini
tout juste	adverbe

4 a. Toutes les bêtes

EXPLICATION
Le déterminant s'accorde en genre et en nombre avec le nom qui suit.

b. Toute autre bête

EXPLICATION
Ici, *tout* est déterminant et s'accorde donc en genre avec le nom ou le pronom qu'il qualifie. Il signifie *n'importe quel*.
toute autre bête / tout autre animal

5 1. *Quelle* est un déterminant interrogatif.
2. Il s'accorde avec le mot *nature*

6 1. C'est de quoi je désire vous parler.
2. **Vous** me parlez d'un sujet qui m'intéresse.
3. Parlez-**vous** anglais ?
4. Parlez moins fort.

EXPLICATION
Dans la phrase 1, *vous* est un pronom personnel en fonction de COI.

7 **DICTÉE TYPE BREVET**

Les mots en violet sont en rapport avec la difficulté traitée dans la leçon.

Possédé

Le narrateur est dominé par d'une puissance invisible.

Je suis perdu ! Quelqu'un possède mon âme et la gouverne ! quelqu'un ordonne tous mes actes, tous mes mouvements, toutes mes pensées. Je ne suis plus rien en moi, rien qu'un spectateur esclave et terrifié de toutes les choses que j'accomplis. Je désire sortir. Je ne peux pas. Il ne veut pas ; et je reste, éperdu, tremblant, dans le fauteuil où je me tiens assis. Je désire seulement me lever, me soulever, afin de me croire encore maître de moi. Je ne peux pas !

Guy de Maupassant, *Le Horla* (1886).

5 Identifier et écrire même

1 **1.** Nous partageons la *même* passion pour la musique.
☑ déterminant ❑ pronom ❑ adverbe
2. Depuis chez elle, on voit *même* la tour Eiffel.
❑ déterminant ❑ pronom ☑ adverbe
3. Ce sont toujours *les mêmes* qui arrivent en retard !
❑ déterminant ☑ pronom ❑ adverbe
4. Tous les enfants de cette famille font de la voile, *même* les plus jeunes.
❑ déterminant ❑ pronom ☑ adverbe

2 **1.** Ils ont réalisé eux-mêmes les travaux de cette maison.
2. Toutes les fautes comptent, même les fautes d'accent.
3. Ils partagent les mêmes goûts.
4. Même excusés, les élèves qui arrivent en retard ne pourront assister au cours.
5. Elles sont allées le prévenir elles-mêmes.
6. C'est toujours la même chose : il ne supporte rien, même ses chats le dérangent.

EXPLICATION
Dans *même les fautes d'accent, même excusés*, même est un adverbe. On peut le remplacer par *aussi*.

3 **a.** Les chevaux Malabar et Douce s'attelaient tout seuls au râteau ou à la faucheuse et ils arpentaient le champ. Et chaque animal jusqu'au plus modeste besognait à faner et ramasser le foin. Même les canards et les poules sans relâche allaient et venaient sous le soleil. Et nul gaspillage, car poules et canards avaient glané jusqu'au plus petit brin. Tout aliment leur était plus délectable. Malabar faisait l'admiration de tous. Même, certains jours, tout le travail de la ferme semblait reposer sur sa puissante encolure. À tout problème et à tout revers, il opposait sa conviction : « Je vais travailler plus dur. »

b. Le mot même est ici un ☑ adverbe

EXPLICATION
Même les canards : même, adverbe, reste invariable. On peut le remplacer par *aussi* (*les canards aussi*).

4 **a. 1.** ☑ adverbe
2. ☑ déterminant
3. ☑ pronom
b. 1. *Tout* (n'importe quel) aliment leur était plus délectable.
2. À *tout* (chaque) problème et à *tout* (chaque) revers, il opposait sa conviction.

5 Voir le corrigé de l'exercice 3.
Le déterminant indéfini *chaque* est toujours suivi d'un groupe nominal au singulier.

6 **DICTÉE TYPE BREVET**

Les mots en violet sont en rapport avec la difficulté traitée dans la leçon.

Écrire en vain

La peste s'est déclarée dans la ville d'Oran désormais coupée du monde.

Certains d'entre nous, cependant, s'obstinaient à écrire et imaginaient sans trêve, pour correspondre avec l'extérieur, des combinaisons qui finissaient toujours par s'avérer illusoires. Quand même quelques-uns des moyens que nous avions imaginés réussissaient, nous n'en savions rien, ne recevant pas de réponse. Pendant des semaines, nous fûmes réduits alors à recommencer sans cesse la même lettre, à recopier les mêmes renseignements et les mêmes appels, si bien qu'au bout d'un certain temps, les mots qui d'abord étaient sortis tout saignants de notre cœur se vidaient de leur sens. Nous les recopiions alors machinalement, essayant de donner au moyen de ces phrases mortes des signes de notre vie difficile.

Albert Camus, *La Peste*, © Gallimard, 1947.

6 Accorder ou non une forme verbale en -ant

1 **1.** participe présent **2.** participe présent – nom **3.** adjectif verbal.

2 **1.** Ils ont des points de vue ☑ différents sur la question.
2. En ☑ différant leur voyage, ils ont pu le payer moins cher.
3. Un ☑ différend oppose ces deux personnes.
4. Ce sparadrap ☑ adhérant à la plaie est difficile à enlever.
5. Les ☑ adhérents de cette association se sont réunis.

EXPLICATION
Il ne faut pas confondre : *différant* (participe présent), *différent* (adjectif qualificatif) et *un différend* (nom).

3

Verbe	Participe présent	Adjectif verbal	Nom
intriguer	intri**gu**ant	intri**g**ant	un intri**g**ant
fabriquer	fabri**qu**ant		un fabri**c**ant

EXPLICATION
Particularité des verbes en *-guer* et en *-quer* : le participe présent conserve le u du radical. L'adjectif verbal en revanche perd le u du radical verbal.

4 **a.** Parut à la porte un couple charmant : une enfant de seize ans avec corsage de velours et jupe à grands volants ; un jeune personnage en habit à haut col et pantalon à élastiques. Ils traversèrent la salle, esquissant un pas de deux ; d'autres les suivirent ; puis d'autres passèrent en courant, poussant des cris, poursuivis par un grand Pierrot blafard, aux manches trop longues, coiffé d'un bonnet noir et riant d'une bouche édentée. Il courait à grandes enjambées maladroites. Les jeunes filles en avaient peur ; il paraissait faire la joie des enfants qui le poursuivaient avec des cris perçants.

b. charmant → variable
esquissant → invariable
poussant → invariable
riant → invariable

5 **a.** une femme charmante, des couples charmants
b. un cri perçant, une vue perçante

6 à grands volants → avec un grand volant

7 Puis d'autres passèrent en courant, poussant des cris, poursuivis par un grand Pierrot blafard, aux manches trop longues, coiffé d'un bonnet noir et riant d'une bouche édentée.

EXPLICATION
Le participe passé employé comme adjectif qualificatif est parfois éloigné du nom ou groupe nominal avec lequel il s'accorde.

8 **DICTÉE TYPE BREVET**

Les mots en violet sont en rapport avec la difficulté traitée dans la leçon.

Un chantier menaçant

Le narrateur revient dans un jardin où il jouait enfant. Il voit avec tristesse la ville en construction qui menace cet espace.

Partout, il y avait ces jardins éventrés, ces ruines, ces plaies géantes creusées dans la terre, en haut de la colline. Sur les chantiers les hautes grues étaient immobiles, menaçantes, et les camions avaient laissé des traînées de boue sur la chaussée. Les immeubles n'avaient pas encore fini de pousser. Ils grandissaient encore, mordant dans les vieux murs, abrasant[1] la terre, étendant autour d'eux ces nappes de goudron, ces aires nues de ciment éblouissant.

Je fermais à demi les yeux, luttant contre la réverbération du soleil couchant sur toutes les façades blanches. Il n'y avait plus d'ombres à présent, plus de secrets. Rien que les garages souterrains des immeubles, ouvrant leurs larges portes noires, montrant les couloirs brumeux de leurs fondations.

Jean-Marie Gustave Le Clézio, « Villa Aurore », in *La Ronde et autres faits divers*, © Gallimard, 1982.

1. usant

7 Écrire un verbe au présent de l'indicatif

1 **1.** je prends **2.** il dissout **3.** tu rejoins **4.** tu couds **5.** tu résous **6.** tu veux **7.** il mord **8.** tu exclus

2 **1.** Cet enfant grandit rapidement. **2.** Il apprécie de ne plus aller travailler en voiture. **3.** Tu t'ennuies quand ton grand frère est absent. **4.** Il écrit des articles dans les journaux. **5.** Elle noue habilement ses cheveux. **6.** Il moud le café en grains. **7.** Tu résous tes problèmes avec énergie. **8.** Il éternue : j'en conclus qu'il est enrhumé.

EXPLICATION
Distingue les terminaisons homophones des verbes du 1er groupe (*il apprécie*/*tu l'ennuies*) de celles des verbes des 2e et 3e groupes (*il grandit*). De même : *elle noue*/*il moud*/*tu résous* et *elle éternue*/*j'en conclus*.

3 **1.** prendre → je prends, nous prenons, ils prennent
2. vouloir → je veux, nous voulons, ils veulent
3. conquérir → je conquiers, nous conquérons, ils conquièrent
4. lancer → nous lançons, vous lancez
5. nager → nous nageons, vous nagez
6. jeter → je jette, nous jetons
7. congeler → je congèle, nous congelons
8. appeler → j'appelle, vous appelez
9. essuyer → j'essuie, vous essuyez

EXPLICATION
- *Ils prennent, je jette, j'appelle* : on entend [ɛ], on double la consonne après la voyelle *e*.
- *Je conquiers* [ɛ] : le *e* suivi de deux consonnes ne prend pas d'accent. Mais on écrit *nous conquérons* [e] et *ils conquièrent* [ɛ].

4 **a.**

tondre	prendre	mordre	craindre
il tond	il prend	il mord	il craint

b. il craint

5

on le brouette	on le jette	on le ficelle
brouetter	jeter	ficeler

EXPLICATION
Quand on entend [ɛ], on double la consonne ou on met un accent (*acheter* → *j'achète*, *jeter* → *je jette*).

6 signifier → il signifie
suffire → il suffit

7 venir → je viens, nous venons, ils viennent

EXPLICATION
Nous venons : on entend [ə], donc un seul *n*.
Ils viennent : on entend [ɛ], donc deux *n*.

8

	-aud	-ot	-eau
	échafaud	argot	bourreau
Mots de la même famille	échafauder	argotique	

9 **DICTÉE TYPE BREVET**

Les mots en violet sont en rapport avec la difficulté traitée dans la leçon.

Naissance

Voici une jeune femme étendue. De temps en temps elle pousse un soupir, puis elle gémit ; et les vieux parents l'entourent, et voilà que d'elle sort un petit être miaulant comme un chat, et crispé, tout ridé. C'est un homme qui commence. Elle, la jeune mère, se sent douloureusement joyeuse ; elle étouffe de bonheur à ce premier cri, et tend les bras et suffoque et, autour on pleure avec délices ; car ce petit morceau de créature vivante séparé d'elle, c'est la famille continuée, la prolongation du sang, du cœur et de l'âme des vieux qui regardent, tout tremblants.

Guy de Maupassant, « Le lit » (1882).

8 Écrire un verbe à l'imparfait ou au passé simple

1 **1.** Il me guida dans une salle gigantesque dans laquelle travaillaient une quarantaine de personnes.
☑ une action secondaire
❑ une action qui se répète dans le passé
❑ une description

2. Mademoiselle Mori mesurait au moins un mètre quatre-vingts.
❑ une action secondaire
❑ une action qui se répète dans le passé
☑ une description

3. Les jours s'écoulaient et je ne servais toujours à rien. Assise à mon bureau, je lisais et relisais les documents que Fubuki avait mis à ma disposition.
❑ une action secondaire
☑ une action qui se répète dans le passé
❑ une description

2 **1.** Tous les jeudis, j'allai / (allais) à la piscine en sortant du collège.
Imparfait qui exprime une répétition dans le passé.

2. Ce jour-là, je portai / (portais) une veste en lin.
Imparfait qui exprime une description.

3. J'(assistai) / assistais au débarquement des Alliés sur les plages de Normandie.
Passé simple qui exprime l'action principale du récit.

4. Je traversai / (traversais) la rue quand je (croisai) / croisais un visage familier.
Imparfait pour une action secondaire/passé simple pour l'action principale.

EXPLICATION
Phrase 4 : imparfait d'action secondaire (*je traversais*). L'action est alors considérée dans son déroulement tandis que le verbe au passé simple (*je croisai*) est l'action – ponctuelle – de 1er plan.

3 **a.** Le 8 janvier 1990, l'ascenseur me cracha au dernier étage de l'immeuble Yumimoto. Je ne songeai pas à me présenter à la réception.
– Pourquoi n'avez-vous pas averti la réceptionniste de votre arrivée ?
Je ne trouvai rien à répondre et ne répondis rien. J'inclinai la tête constatant que j'avais déjà produit une mauvaise impression, le jour de mon entrée dans la compagnie. L'homme me dit qu'il s'appelait monsieur Saito. Il me conduisit à travers d'innombrables et immenses salles dans lesquelles il me présenta à des hordes de gens, dont j'[oubliais] le nom au fur et à mesure qu'il les énonçait.

EXPLICATION
Les actions principales du récit sont au passé simple. Elles se succèdent dans l'ordre chronologique.

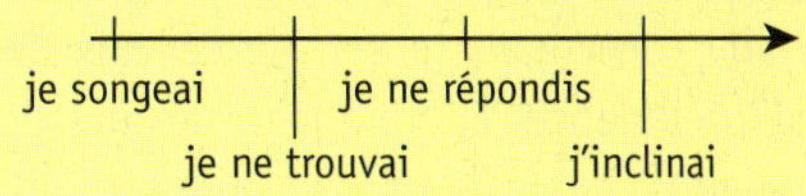

b. Elle ne trouva rien à répondre et ne répondit rien. Elle inclina la tête constatant qu'elle avait déjà produit une mauvaise impression, le jour de son entrée dans la compagnie.

c.

Le passage de la 1re à la 3e personne m'a permis de distinguer :
1. ☑ les verbes du 1er groupe homophones à la 1re personne du passé simple et de l'imparfait, **2.** ☑ les actions du récit qui sont au 1er plan de celles de 2d plan, **3.** ❑ les actions qui se répètent dans le passé et les descriptions.

4 **a.** j'oubliais → nous oubliions
il énonçait → nous énoncions
b. Il lui (donnait) / donnaient des informations mais elle les (oubliait) / oubliaient / oubliais.

EXPLICATION
Le i de la terminaison de l'imparfait s'ajoute à celui du radical (*nous oubli-ions*).

5 **a.** et **b.** **1.** Vous n'avez pas [averti] le réceptionniste.
2. Je ne (répondis) rien.
3. Il me (conduisit).

EXPLICATION
▸ Les participes passés de tous les verbes du 2e groupe se terminent en -i (*averti*, *fini*).
▸ Au passé simple, la voyelle i est toujours suivie d'une consonne finale (*je finis*, *tu finis*, *il finit*).

6 **DICTÉE TYPE BREVET**

Les mots en violet sont en rapport avec la difficulté traitée dans la leçon.
Le mot souligné sera épelé au cours de la dictée (nom propre).

En stage au pays des Nippons

La narratrice effectue un stage dans une entreprise japonaise. Elle est fascinée par Mlle Mori, une belle Japonaise dans le service de laquelle elle a été affectée.

Je n'écoutais plus ce qu'elle me disait. Mademoiselle Mori mesurait au moins un mètre quatre-vingt, taille que peu d'hommes japonais atteignent. Elle me parlait, j'entendais le son de sa voix douce et pleine d'intelligence. Elle me montrait des dossiers, m'expliquait de quoi il s'agissait, elle souriait. Je ne m'apercevais pas que je ne l'écoutais pas.

Ensuite elle m'invita à lire les documents qu'elle avait préparés sur mon bureau qui faisait face au sien. Elle s'assit et commença à travailler. Je feuilletai docilement les paperasses qu'elle m'avait données à méditer.

D'après Amélie Nothomb, *Stupeur et tremblements*, Albin Michel, 2000.

9 Accorder le verbe avec son sujet

1 En face de l'école, il y avait l'abattoir municipal. Pendant que ma mère faisait son petit ménage, je grimpais sur une chaise et je regardais l'assassinat des bœufs et des porcs. Lorsque les malheureux bœufs recevaient le coup de merlin entre les cornes et tombaient sur les genoux, j'admirais la force du boucher. La mise à mort des porcs me faisait rire aux larmes parce qu'on les tirait par les oreilles et qu'ils poussaient des cris stridents.

EXPLICATION
- *Recevaient et tombaient* : les deux verbes ont un même sujet au pluriel.
- *Me faisait rire* : le sujet est un groupe nominal. L'accord du verbe se fait avec le noyau du groupe nominal *la mise à mort*.
- *On les tirait* : le sujet est le pronom personnel indéfini *on* (3e pers. sing.).

2 **1.** Ni la campagne, ni la mer ne l'intéressent ; seule la montagne la passionne. **2.** Un vol de canards sauvages survolent la région. **3.** **Toi** qui navigues beaucoup, raconte-nous tes aventures sur mer. **4.** Elle ne sait pas encore si c'est **ton père ou ta mère** qui l'accompagne à l'école. **5.** Un groupe d'élèves aiment lire **les livres** de Roald Dahl qui racontent son enfance.

3 cette poignée de Juifs qui avaient résolu d'opposer une résistance active aux Allemands.

4 Le groupe nominal *mes frères de Varsovie* est sujet du verbe *connaissaient*.

5 **1.** Quand le ghetto de Varsovie entre en rébellion, les Allemands déploient leur artillerie. **2.** Quant au narrateur, il assiste à la rébellion des fenêtres de l'appartement où il s'est caché. **3.** Quand Lewicki a appris le destin de ses frères, il a été effrayé.

6 **a.** Dans cette phrase, *leur* placé devant un verbe est un pronom personnel. C'est le pluriel de *lui*. Il est invariable. **b.** **1.** Aude et Karl vivent à Lyon. Leurs enfants font leurs études à l'étranger. Ils **leur** manquent. **2.** Les élèves de 6e A font de l'allemand. Leur professeur **leur** a promis de les emmener à Berlin.

7 **DICTÉE TYPE BREVET**

Les mots en violet sont en rapport avec la difficulté traitée dans la leçon.
Les mots soulignés seront épelés au cours de la dictée (noms propres).

L'hôtel du boulevard Ornano

Ainsi, j'ai fini par savoir que Dora Bruder et ses parents habitaient déjà l'hôtel du boulevard Ornano dans les années 1937 et 1938. Ils occupaient une chambre avec cuisine au cinquième étage, là où un balcon de fer court autour des deux immeubles. Une dizaine de fenêtres [s'ouvrent sur] ce cinquième étage. Deux ou trois donnent sur le boulevard [mais la plupart] donnent sur la fin de la rue Hermel et, derrière, sur la rue du Simplon.

Ce jour-là de mai 1996 où je suis revenu dans le quartier, les volets rouillés des deux premières fenêtres du cinquième étage qui donnaient rue du Simplon étaient fermés, j'ai remarqué tout un amas d'objets hétéroclites qui semblaient abandonnés là depuis longtemps.

D'après Patrick Modiano, *Dora Bruder*, © Gallimard, 1997.

10 Accorder le verbe avec un sujet inversé

1 **1.** Peut-être êtes-vous trop perfectionniste ? Adverbe en tête de phrase.
2. Qui es-tu ? Phrase interrogative.
3. « Rends-moi les clefs ! » demanda Marine à sa fille. Proposition incise.
4. J'ai visité la maison où vécut Victor Hugo pendant son exil. Proposition subordonnée relative.
5. Devant elle, se trouvaient une femme et ses deux enfants. Complément circonstanciel en tête de phrase.

2 **a.** Sous ses yeux, baignée par les rayons lunaires, s'arrondissait une enceinte fortifiée dans laquelle s'élevaient deux cathédrales, trois palais, et un arsenal. Autour de cette enceinte se dessinaient trois villes distinctes, que dominaient les tours, les clochers, les minarets.
b. Sous ses yeux, baignée par les rayons lunaires, s'arrondissait une enceinte fortifiée dans laquelle s'élevaient deux cathédrales, trois palais, et un arsenal. Autour de cette enceinte se dessinaient trois villes distinctes, que dominaient les tours, les clochers, les minarets.
c. Sous ses yeux, baignée par les rayons lunaires, s'arrondissait une enceinte fortifiée dans laquelle s'élevaient deux cathédrales, trois palais et un arsenal. Autour de cette enceinte se dessinaient trois villes distinctes, que dominaient les tours, les clochers, les minarets.

EXPLICATION
Un verbe peut avoir plusieurs sujets juxtaposés par des virgules ou reliés par *et*.

3 Ce jardin n'attenait pas à la maison. On y entrait par une porte que fermait une énorme clé. Il y avait plusieurs pruniers, d'où tombaient, trop mûres, sur la terre brûlante, ces mêmes délicieuses prunes qu'on mettait à sécher sur les toits ; le long des vieilles allées, couraient des vignes dont les raisins musqués étaient dévorés par des légions de mouches et d'abeilles. Et tout le fond, – car il était très grand, ce jardin, – était abandonné à des luzernes, comme un simple champ.
Le charme de ce vieux verger était de s'y sentir enclos, enfermé à double tour, absolument seul dans beaucoup d'espace et de silence.

4 **1.** une énorme clé ☑ prop. subord. relative
2. ces mêmes délicieuses prunes ☑ prop. subord. relative
3. des vignes ☑ CC en tête de phrase

5 Le long de la vieille allée, courait une vigne dont le raisin musqué était dévoré par des légions de mouches et d'abeilles.

EXPLICATION
Le verbe à la voix passive *était dévoré* s'accorde en genre et en nombre avec le sujet « le raisin musqué » (GN masculin singulier).

6 L'adverbe est construit à partir de l'adjectif qualificatif *absolu* auquel on a ajouté le suffixe *-ment*.

EXPLICATION
Pour former les adverbes de manière, on prend généralement l'adjectif qualificatif au féminin (*lente-ment*) sauf quand il se termine par une voyelle (*joli-ment*).

7 **1.** Il a posé son échelle sur le (mur) / mûr.
2. Il a mangé ce fruit mur / (mûr).

8 **DICTÉE TYPE BREVET**

Les mots en violet sont en rapport avec la difficulté traitée dans la leçon.

En route pour la ville

La narratrice raconte un souvenir de son enfance en Russie.

Nous sommes assis avec elle, nous, les plus petits, dans la grande calèche découverte tirée par deux chevaux, nous allons de l'autre côté du fleuve, où se trouvent les magasins, où s'élève la haute tour blanche entourée près de son sommet d'un balcon... Même de loin, de notre rive, on voit une silhouette qui se penche à la balustrade, elle émet des sons étranges qui ressemblent à des cris, à des chants. Notre calèche traverse à gué le large fleuve, l'eau monte plus haut que le marchepied, couvre presque le poitrail des chevaux, mais il ne faut pas avoir peur, il ne peut rien nous arriver, le cocher connaît bien le chemin... et nous voici enfin sur la terre ferme, les chevaux montent sur l'autre rive.

Nathalie Sarraute, *Enfance*, © Gallimard, 1983.

11 Écrire un verbe aux temps composés de l'indicatif

1

	Passé simple	Passé composé
convaincre	je convainquis	j'ai convaincu
débattre	il débattit	il a débattu
transmettre	il transmit	il a transmis
rougir	tu rougis	tu as rougi
interrompre	il interrompit	il a interrompu

EXPLICATION

- Convaincre : devant la voyelle *i*, la consonne c se prononce [s]. Il faut donc écrire *qu*.
- Les participes passés en *-u* ne sont suivis d'aucune consonne, sauf *inclus* et *reclus*.

2 **1.** Vous aviez inclus le service après-vente. **2.** Nous t'avertirons quand ils auront reçu la réponse. **3.** Si je ne lui avais pas permis de prendre ma voiture, il serait arrivé en retard. **4.** Il a construit lui-même sa maison. **5.** Ils amélioreront leurs résultats quand ils auront acquis plus d'expérience. **6.** Emma avait peint un magnifique tableau.

3 **a.**

Passé composé	Futur antérieur	Passé du subjonctif
ai reçues, ai pu, ai rencontré	auront produit, auront mis	aie été, ait voulu

b.

P. passé en *-is*	P. passé en *-it*	P. passés en *-u*
mis	produit	reçues, pu, voulu

4 **a. 1.** Comment concevoir qu'il ait été jeté dans la fosse aux soldats... ?
2. Il a rencontré, en 1814, un ancien maréchal des logis de son régiment.
b. Au passé du subjonctif.

5 **a.** Le participe passé *reçues* est employé : avec l'auxiliaire *avoir*.
b. Il s'accorde avec le pronom relatif COD *que*.
c. Le GN *les blessures* est l'antécédent de *que*.

EXPLICATION

Le participe passé employé avec l'auxiliaire *avoir* s'accorde en genre et en nombre avec le COD placé avant le verbe.

6 **DICTÉE TYPE BREVET**

Les mots en violet sont en rapport avec la difficulté traitée dans la leçon.
Les mots soulignés seront épelés au cours de la dictée (noms propres).

Souvenirs de guerre

Je me souviens qu'une seule fois mon père avait évoqué cette période, un soir que nous étions tous les deux aux Champs-Élysées. Il m'avait désigné le bout de la rue de Marignan, là où on l'avait embarqué en février 1942. Et il m'avait parlé d'une seconde arrestation, l'hiver 1943, après avoir été dénoncé par « quelqu'un ». Il avait été emmené au dépôt, d'où « quelqu'un » l'avait fait libérer. Ce soir-là, j'avais senti qu'il aurait voulu me confier quelque chose mais les mots ne venaient pas.

Patrick Modiano, *Un pedigree*, © Gallimard, 2005.

12 Distinguer les terminaisons verbales -i, -is, -it et -u, -us, -ut

1 1. Après ces événements, la vie reprit son cours. 2. Tout article vendu en solde n'est ni repris ni échangé. 3. Tout élève qui n'est pas admis à passer en seconde peut faire appel. 4. Il admit qu'il avait fait une bêtise. 5. Je t'ai transmis les documents.

2 a. 1. J'ai (voulu) / voulus / voulut te prévenir de mon arrivée, mais je n'ai pas (pu) / pus / put le faire.
2. Cet élève a été (exclu) / exclus / exclut.
3. Le prix inclu / inclus / (inclut) le service après-vente.
4. J'ai (conclu) / conclus / conclut un accord avec lui.
5. Je m'aperçu / (aperçus) / aperçut qu'il n'avait pas (revu) / revus / revut ses leçons.
b. La terminaison habituelle est *-u*.

EXPLICATION
Après un auxiliaire, on trouve un participe passé en *-u* : *j'ai conclu*. Au passé simple, la voyelle thématique *u* est toujours suivie d'une consonne : *je conclus, tu conclus, il conclut*.

3 Je m'évanouis en descendant de cheval, et je crus que j'allais crever dans les broussailles comme un lièvre qui a reçu du plomb. Carmen était à Grenade, et accourut.

EXPLICATION
- *Reçu* est un participe passé.
- *Crus* et *accourut* sont au passé simple.

4 En ce moment, je m'aperçus que j'avais la tête ouverte. Par bonheur, mon sang, celui de mes camarades ou la peau meurtrie de mon cheval peut-être, que sais-je ! m'avait, en se coagulant, comme enduit d'un emplâtre naturel. Malgré cette croûte, je m' évanouis quand mon crâne fut en contact avec la neige. Cependant, le peu de chaleur qui me restait ayant fait fondre la neige autour de moi, je me trouvai, quand je repris connaissance, au centre d'une petite ouverture par laquelle je criai aussi longtemps que je pus. Mais alors le soleil se levait, j'avais donc bien peu de chances pour être entendu.

Verbes au passé simple en *-us, -us, -ut*	Verbes au participe passé en *-u*
aperçus, fut, pus	entendu

EXPLICATION
Fut est le verbe *être* au passé simple. La voyelle *u* est alors suivie d'une consonne (s ou t).

5 Voir le corrigé de l'exercice 4.

6 a. On met le participe passé au féminin : *enduite*. Donc *enduit* prend un *t* final.
b. Ce participe passé est employé : dans la formation d'un temps composé.

7 a. Il s'agit du nom *peau*, féminin singulier.
b. Ce participe passé est épithète

EXPLICATION
Le participe passé *meurtrie* est employé comme adjectif qualificatif. Il est placé juste après le nom qu'il caractérise. Il est donc en fonction d'épithète.

8 Le lendemain de l'exécution d'Ulbach, il se mit à écrire ce livre. Quand un de ces crimes publics a été commis, sa conscience lui a dit qu'il n'en était plus solidaire.

EXPLICATION
Identifie la consonne finale en mettant le participe passé au féminin : *commise* → *commis*, *dite* → *dit*.

9 **DICTÉE TYPE BREVET**

Les mots en violet sont en rapport avec la difficulté traitée dans la leçon.

L'arrivée à New York

Au début du XXe siècle, plus de trente millions d'Européens quittent le Vieux Continent pour l'Amérique.

Ils sont là trois mille, comme ahuris par les quinze jours de mer. Lorsque les émigrants ont subi l'examen médical, ils arrivent groupés par nationalité, devant les inspecteurs qui se sont saisis de leurs dossiers établis au départ du paquebot par la compagnie de navigation. S'il réunit les cent cinquante dollars exigés par le gouvernement américain comme prix d'entrée, l'homme est admis.

D'après Jules Huret, *En Amérique* (1905).

13 Accorder un participe passé

1 **1.** Paul l'a appelée samedi dernier.
2. Nous les avons mangées.

2 **1.** J'ai lu les livres **que** tu m'avais conseillés.
2. Tu as planté les fleurs **qu'**on t'a offertes.
3. Il a demandé à son amie de lui donner la recette **qu'**elle avait préparée pour le dîner.

3 **1.** Elle a terminé les exercices de révision que son professeur lui a fait faire. Il les lui a corrigés.
2. Martin a des difficultés dans la résolution des problèmes. Il en a parlé à son professeur. Celui-ci lui a donné des conseils qu'il a suivis.

EXPLICATION
- *Fait* reste invariable car il est suivi d'un verbe à l'infinitif (voir la leçon, p. 30).
- *Parlé* reste invariable car le COD est le pronom *en*.

4

blottie	mouillées	transpercée	raidies	fripées
toute une couvée de poussins transpercée par l'averse	des portes	toute une couvée de poussins	les ailes	les plumes

EXPLICATION
Seul *blottie* est séparé du groupe nominal qu'il caractérise par une virgule ; il est donc apposé. Les autres sont placés après le groupe nominal qu'ils caractérisent ; ils sont en fonction d'épithète.

5 **a.** Les participes dit, semé, laissé ne s'accordent pas car : le COD est placé après le verbe.
b. Nous l'avions abandonnée durant un long voyage.
c. Ce mot est : un pronom personnel en fonction de COD

6 **a.** et **b.** À voir Yvonne de Galais, on eût dit que cette maison nous appartenait, que nous l'avions abandonnée durant un long voyage. Elle ouvrit, en se penchant, une petite grille, et se hâta d'inspecter avec inquiétude le lieu solitaire. Une grande cour herbeuse était ravinée par l'orage. Un cerceau trempait dans une flaque d'eau. Dans les jardinets, où les enfants avaient semé des fleurs et des pois, la grande pluie n'avait laissé que des traînées de gravier blanc. Et enfin nous découvrîmes, blottie contre le seuil d'une des portes mouillées, toute une couvée de poussins transpercée par l'averse. Presque tous étaient morts sous les ailes raidies et les plumes fripées de la mère.
c. Les mots encadrés sont sujets.

7 **1.** Il eut / (eût) mieux valu le lui dire.
2. Quand il (eut) / eût terminé son livre, il sortit.
3. On eut / (eût) dit qu'il voulait te parler.

8 **DICTÉE TYPE BREVET**

Les mots en violet sont en rapport avec la difficulté traitée dans la leçon.
Les mots soulignés seront épelés au cours de la dictée (noms propres ou vocabulaire vieilli).

Une merveilleuse poupée

La narratrice raconte un souvenir de son enfance en Russie.

On défait de son emballage de papier brun une grande boîte de carton, on enlève le couvercle, les papiers de soie, et on découvre couchée, les yeux fermés, une énorme poupée… elle a des boucles brunes, ses paupières sont bordées de cils longs et épais… c'est elle, je la reconnais, c'est celle que j'avais vue à Paris dans une grande vitrine illuminée, je l'avais tant regardée… Elle était assise dans un fauteuil et à ses pieds était posé un carton où il était écrit : « Je sais parler »… On la sort avec précaution… quand on la soulève, ses yeux s'ouvrent…

Nathalie Sarraute, *Enfance*, © Gallimard, 1983.

INFOS PARENTS

© Phovoir

Comment l'orthographe est-elle étudiée en 3e ? • Comment l'orthographe est-elle évaluée au brevet ? • Comment aider votre enfant pour que son orthographe s'améliore ?

Voici les questions auxquelles ce supplément « Infos parents » tente de vous apporter des réponses.

Quelle place l'apprentissage de l'orthographe occupe-t-il dans le nouveau programme de français en 3e ?

Le programme de français de 3e a changé à la rentrée 2016. Il est intégré désormais au programme du cycle 4, un cycle d'enseignement qui va de la 5e à la 3e.

L'étude de la langue dans le nouveau programme de français

- Tout au long du cycle 4, la **maîtrise de la langue** reste un objectif central de l'enseignement du français. L'élève approfondit les notions et règles déjà étudiées au cycle précédent et découvre de nouvelles notions.
- L'enseignant est conduit à consacrer des séances spécifiques à l'étude de la langue, au sein desquelles la **connaissance du système orthographique** occupe une place significative. Ces entraînements ne constituent pas une fin en soi : ainsi, l'apprentissage de l'orthographe s'inscrit dans la perspective plus large de l'expression écrite.

L'orthographe au brevet

La maîtrise de l'orthographe est évaluée doublement à la fin de la 3e.

À travers la note de contrôle continu en « langue orale et écrite »

À la fin de la 3e, dans le cadre de l'évaluation de fin de cycle, les enseignants (principalement celui de français) – s'appuyant sur les évaluations trimestrielles – sont invités à indiquer, sur le bulletin de chaque élève, son degré de maîtrise de la langue française, à l'oral et à l'écrit ; l'orthographe est bien sûr prise en compte dans cette évaluation qui se traduit par des points pour le contrôle continu.

Lors de l'épreuve écrite de « français, histoire-géographie-EMC »

Au cours de cette épreuve, l'orthographe est évaluée directement à travers un exercice de réécriture et une dictée, et indirectement à travers les réponses aux questionnaires et la rédaction.

Quelles compétences orthographiques les élèves doivent-ils maîtriser en fin de 3e ?

La classe de 3e est la dernière année du cycle 4, à l'issue duquel les élèves doivent maîtriser un certain nombre de compétences et connaissances. En orthographe, le programme met l'accent sur trois compétences clés.

Connaître le fonctionnement des chaînes d'accord

Voici les **différents types d'accord** pouvant être évalués dans la dictée de brevet :

- les accords au sein du groupe nominal (avec plusieurs noms, plusieurs adjectifs, une relative, un déterminant indéfini, etc.) ;
- l'accord du verbe avec le sujet, dans des situations complexes (sujet éloigné du verbe, verbe séparé du sujet par un mot ou un groupe de mots, deux sujets pour un même verbe, etc.) ;
- l'accord du participe passé employé avec *être* ou avec *avoir* (cas du COD antéposé) ;
- l'accord de l'adjectif et du participe passé en position détachée.

Observer le fonctionnement du verbe et l'orthographier

- À la fin du cycle, les élèves maîtrisent le **système des terminaisons des verbes** aux différents temps et modes et connaissent leurs principales valeurs.
- Ils ne doivent plus hésiter sur la conjugaison de **verbes irréguliers** fréquents (*être, avoir, aller, faire, dire, verbes en -dre, pouvoir, voir, valoir, devoir, vouloir, savoir, falloir*, etc.).

Acquérir la structure, le sens et l'orthographe des mots

L'acquisition de l'orthographe lexicale se fait **en lien avec l'étude du vocabulaire**.

- Pour mémoriser l'orthographe d'un mot, l'élève apprend à analyser sa structure (radical, préfixe, suffixe), à le rapprocher de mots de la même famille, à chercher sa racine, etc.
- Pour toutes les activités, des dictionnaires, papier ou en ligne, sont à la disposition des élèves qui apprennent notamment à y repérer les informations étymologiques.

Comment l'orthographe est-elle enseignée en cours de français ?

L'orthographe peut être abordée de différentes façons, à l'occasion d'activités de lecture et d'expression écrite, ou dans des séances spécifiques d'étude de la langue.

Les cours sur une notion d'orthographe

À intervalles réguliers, l'enseignant est amené à consacrer des séances à des **notions d'orthographe** du programme. Le déroulement type est le suivant : la règle est mise en évidence par les élèves eux-mêmes à l'issue d'une phase d'observation. Différents exercices permettent de la mettre en pratique, dans des contextes de plus en plus complexes.

Les dictées

Les dictées sont utilisées comme support d'apprentissage (elles sont alors préparées) ou en contrôle final. Dans les deux cas, elles permettent à l'enseignant d'**évaluer les progrès en orthographe** de ses élèves et de déceler les points non acquis sur lesquels il devra revenir.

Les activités d'expression écrite

La rédaction permet le **réemploi des apprentissages orthographiques**. En général, les élèves aiment raconter une histoire, imaginer un dialogue, argumenter sur un thème mais, dans le feu de l'invention, ils oublient souvent leurs connaissances orthographiques. Le professeur de français leur apprend à revenir sur leurs textes, après la phase de conception, et à corriger les erreurs qu'ils ont laissées passer.

Comment aider son enfant à faire des progrès en orthographe ?

Après la 3e, votre enfant n'aura plus de cours d'orthographe. Au lycée, les élèves sont censés maîtriser les règles orthographiques essentielles et écrire sans faire de grosses fautes. C'est pourquoi, en cas de besoin, il ne faut pas hésiter à apporter une aide à votre enfant dans ce domaine. Mais sous quelle forme ?

L'inciter à corriger ses fautes

- N'hésitez pas à signaler à votre enfant des **fautes d'orthographe laissées dans ses cahiers** ou ses différents devoirs.
- Encouragez-le à les corriger de manière autonome à l'aide d'outils appropriés : dictionnaire, tableau de conjugaisons, correcteur orthographique.

Refaire des dictées effectuées en classe

Après une dictée effectuée en classe, que votre enfant n'a pas réussie, vous pouvez **redicter le texte**. S'il l'écrit sans erreurs, votre enfant sortira de l'exercice plus confiant. S'il commet les mêmes erreurs ou d'autres, aidez-le à les analyser et renvoyez-le aux règles qui lui permettront de les corriger.

Lui proposer un entraînement complémentaire

En fonction du niveau et de la motivation de votre enfant, vous pouvez lui proposer des **exercices d'orthographe et des dictées complémentaires**, comme ceux de ce cahier.

Comment utiliser le cahier Chouette Dictées 3e ?

Conçu par des enseignants expérimentés, ce cahier propose un entraînement méthodique permettant à votre enfant de progresser en orthographe. Ses différents chapitres correspondent aux connaissances à acquérir à la fin du collège.

La structure des chapitres

- Chaque chapitre s'ouvre sur une **« leçon »**. Demandez à votre enfant de la lire attentivement et de ne pas sauter cette étape.
- Suivent des **exercices d'application** et, sur la page de droite, une **dictée préparée** en lien avec le thème de la leçon. Le chapitre se termine par une **dictée non préparée** dont le texte se trouve dans le livret de corrigés.
- À noter : les aides en marge des exercices proposent des reformulations ou des compléments sur certains points de la leçon.
- Si **votre enfant a du mal à se concentrer**, il peut étudier chaque chapitre en deux étapes. D'abord la lecture raisonnée de la leçon suivie des exercices d'application (page de gauche). Dans un second temps, la dictée préparée, précédée des exercices de préparation (page de droite).
- Si **votre enfant a des facilités**, il peut enchaîner directement les exercices d'application avec la dictée non préparée.

Le temps à passer sur un chapitre

L'apprentissage de l'orthographe demande du temps, qui varie selon les élèves.

L'ordre des chapitres

L'ordre du sommaire est logique et progressif. N'hésitez pas cependant à **cibler les chapitres** correspondant à des leçons vues en classe ou à des difficultés récurrentes de votre enfant.

Pourquoi et comment faire des dictées à la maison ?

Recommandée dans les instructions officielles, proposée au brevet, la dictée permet de progresser en orthographe. Dans chacun des chapitres, vous trouverez une dictée préparée et une dictée non préparée. Mais il y a plusieurs manières d'utiliser ces dictées.

Les dictées des cahiers Chouette

Les dictées préparées

Dans chacun des chapitres, le cahier Chouette propose une dictée préparée en rapport avec la leçon traitée et permettant également la révision des acquis précédents.

Demandez à votre enfant de lire attentivement le texte de la dictée puis de **répondre aux questions qui y sont associées**. Dictez ensuite le texte, groupe de mots par groupe de mots, en signalant bien la ponctuation.

Les dictées non préparées

Le cahier Chouette propose également des dictées non préparées comme exercices d'évaluation. Vous pouvez les utiliser en mode dialogué ou négocié (voir ci-dessous). N'oubliez pas de **commencer par lire le texte en entier** pour que votre enfant prenne connaissance de son sens général.

Modalités particulières de la dictée

La dictée dialoguée

Au cours de la dictée, votre enfant **peut vous poser des questions** afin de résoudre les problèmes qu'il rencontre. Il s'agit alors de le guider sans donner la réponse.

La dictée négociée

Si vous faites la dictée à plusieurs enfants en même temps, vous pouvez pratiquer la dictée négociée. Après avoir écrit le texte, **les enfants mettent en commun leur travail**. Ils s'expliquent mutuellement leurs fautes et essaient de trouver ensemble les réponses aux questions qui demeurent.

La correction et l'évaluation

De l'autocorrection à la correction

À la fin de la dictée, **soulignez les fautes commises** (s'il y en a !) et demandez à votre enfant de les corriger ; guidez-le en le faisant analyser par exemple le temps du verbe, la chaîne d'accord, la nature du mot.

Pour finir, corrigez les erreurs en les lui expliquant. Attirez son attention, le cas échéant, sur des fautes qui reviennent souvent (par exemple, un participe passé du 1er groupe écrit *-er* au lieu de *-é*, un adjectif non accordé).

Noter la dictée

Si votre enfant aime le défi, vous pouvez noter sa dictée. Par exemple, sur 10 selon cette règle : 0,5 point par faute d'usage, 1 point par faute grammaticale, et 1 point pour quatre fautes d'accent, de majuscule ou de trait d'union.

L'objectif est qu'il améliore sa performance. Attention, les dictées du cahier sont plus ou moins difficiles selon les thèmes des chapitres. Si votre enfant a commis beaucoup d'erreurs, vous pouvez **ne tenir compte que des fautes en lien avec le thème de la leçon**.

PETITE FOIRE AUX QUESTIONS

→ Un enfant qui lit est-il meilleur en orthographe ?

Tout le monde s'accorde à dire qu'une bonne connaissance de l'orthographe **favorise l'acquisition des compétences en lecture**. Réciproquement, la lecture va favoriser **la mémorisation de l'orthographe** d'usage en augmentant la fréquence de rencontre avec les mots.

→ Comment puis-je déceler une éventuelle dysorthographie ?

Nombreux sont les élèves qui rencontrent des difficultés en orthographe. Pour autant, tous ne sont pas dysorthographiques. Pour certains, les difficultés viennent d'une méconnaissance des règles et d'un manque de pratique régulière et méthodique de l'orthographe. Avec du travail et du temps, on note des progrès. Cependant **certains signes persistants doivent vous alerter** : les omissions, inversions ou confusions de lettres, la transcription phonétique des mots, la difficulté à acquérir l'orthographe lexicale, en particulier à distinguer les homophones lexicaux (vers, ver, vert, verre...). Par ailleurs, la dysorthographie est souvent liée à la dyslexie. **Les troubles de concentration et de mémorisation** peuvent également être des symptômes de dysorthographie. Dans ce cas, il convient de faire faire un bilan par un orthophoniste.

→ Les correcteurs orthographiques sont-ils utiles ?

Les traitements de texte mettent à disposition des utilisateurs des correcteurs orthographiques qui méritent qu'on s'y intéresse. Cependant, **ils sont encore insuffisants**. Aussi l'enfant doit-il comprendre que ces correcteurs ne corrigent pas toutes les fautes et qu'il est nécessaire qu'il en fasse un **usage critique**. Il doit apprendre à choisir la bonne réponse parmi celles proposées en se référant si nécessaire soit à un dictionnaire, soit aux règles d'orthographe. Les leçons proposées dans le cahier Chouette, et sur lesquelles l'élève aura travaillé, constituent un bon outil de référence pour mettre en œuvre cette pratique raisonnée de la langue. Dans tous les cas, **il faut avoir des acquis sérieux en orthographe** pour faire un bon usage des correcteurs d'orthographe proposés par les traitements de textes.

14 Accorder le participe passé d'un verbe pronominal

1 1. Ces tableaux se sont vendus très cher.
2. Vous vous êtes évadés.
3. Les oiseaux se sont envolés.

2 1. Ils se sont parlé au téléphone. → Fonction : COI
2. Ils se sont retrouvés après des années de séparation. → Fonction : COD
3. Les chefs se sont succédé de père en fils.
→ Fonction : COI

3 a. et b. 1. Marine s' est cognée. 2. Marine s'est cogné le coude. 3. Pierre et Hugo se sont téléphoné. 4. Les élèves se sont prêté les documents.

EXPLICATION
Le participe passé est invariable si :
- le COD est placé après le verbe (phrases 2 et 4) ;
- le verbe n'a pas de COD, *se* est en fonction de COI (phrase 3).

4 a. exigés, pris
b. Le participe passé *exigés* est accordé avec le pronom personne COD *les*.

5 a. livrés, éprouvée
b. Les participes passés employés avec l'auxiliaire *être* s'accordent en genre et en nombre avec le sujet.

6 L'infinitif du verbe est *se laisser*
☑ réfléchi.
Le pronom personnel *nous* est en fonction de COD.

EXPLICATION
Nous nous [nous-mêmes] *sommes laissés aller.* L'action du sujet s'exerce sur lui-même, le verbe pronominal est donc de sens réfléchi.

7 **DICTÉE TYPE BREVET**

Les mots en violet sont en rapport avec la difficulté traitée dans la leçon.
Le mot souligné sera épelé au cours de la dictée (nom propre).

Premier voyage en ballon

En 1783, le marquis d'Arlandes fait partie de l'équipe qui effectue le premier vol à bord d'une montgolfière. Il raconte ses impressions.

Nous sommes partis du jardin de la Muette. La machine, dit le public, s'est élevée avec majesté ; mais il me semble que peu de personnes se sont aperçues qu'au moment où elle a dépassé la cime des arbres, elle a fait un demi-tour sur elle-même. Je saluai du bras avec assez peu de succès ; mais ayant tiré mon mouchoir, je l'agitai, et je m'aperçus alors d'un grand mouvement dans le jardin. Les spectateurs se déplaçaient pour nous suivre.

Extrait d'une lettre du marquis d'Arlandes (1783).

15 Écrire un verbe au futur de l'indicatif ou au présent du conditionnel

1 1. épeler → vous épellerez 2. secourir → je secourrai 3. remuer → il remuera 4. voir → ils verront 5. prier → je prierai 6. projeter → il projettera 7. acquérir → tu acquerras 8. nettoyer → vous nettoierez 9. envoyer → nous enverrons 10. savoir → ils sauront 11. établir → ils établiront 12. être → je serai

EXPLICATION
Ne pas confondre le futur du verbe *savoir* (*je saurai*) et le futur du verbe *être* (*je serai*).

2 1. Je pourrai te donner une réponse bientôt.
2. À ta place, j'essaierais / essayerais de la rappeler.
3. Je voudrais vous demander un conseil.

EXPLICATION
Pour les verbes en *-ayer* : le *y* peut être remplacé par un *i*.

3 1. Si tu m'*écris* je te répondrai (futur). 2. Il *croyait* que je viendrais (conditionnel) les voir pendant les vacances. 3. Si je n'*ai* pas trop de travail, j'irai (futur) au cinéma ce soir. 4. Si je n'*étais* pas si fatigué, je ferais (conditionnel) une randonnée à vélo.

4 – Comme nous serons très pressés ce soir, Madame, je voudrais savoir tout de suite ce que je vous dois, lui dit Gerbier.
– Oh, murmura Augustine... Oh ! Comment pouvez-vous...
– Mais enfin... huit personnes toute une semaine... par ces temps difficiles, insista Gerbier.

– Je vous apprendrai que tout paysans qu'ils sont, les Viellat sont aussi fiers que vous.
– Je voudrais que vous me permettiez de vous rapporter quelque chose de Londres quand je reviendrai. J'aimerais vous ramener un souvenir.
Augustine reprit sa respiration et chuchota :
– Des armes, donnez-moi des armes. Ça servira à tout le canton, le jour qu'il faudra.

5 **1.** Je vous apprendrai (elle vous apprendra) que tout paysans qu'ils sont, les Viellat sont aussi fiers que vous. **2.** Je voudrais (il voudrait) que vous me permettiez de vous rapporter quelque chose de Londres. **3.** J'aimerais (il aimerait) vous ramener un souvenir.

6 **a.** ☑ un souhait **b.** ☑ une certitude

7 **1.** Je serai très pressé ce soir. **2.** Comment pouvez-vous ? **3.** Je voudrais que vous me permettiez de vous rapporter quelque chose. **4.** Donnez-moi des armes.

EXPLICATION
Dans la phrase 3, le second pronom *vous* est en fonction de COI. On met l'infinitif après une préposition (*de*) et quand deux verbes se suivent.

8 **DICTÉE TYPE BREVET**

Les mots en violet sont en rapport avec la difficulté traitée dans la leçon.
Les mots soulignés seront épelés au cours de la dictée (noms propres).

Lettre d'un admirateur de Rimbaud

Très cher Monsieur,

Je suis flatté de l'intérêt que vous prenez à lire notre modeste publication et en particulier les poèmes de monsieur Rimbaud. Sachez qu'ils font partie d'un recueil que le poète a nommé *Illuminations*, et qu'un sien ami m'a confié, il y a quelque temps. Quant aux renseignements que vous me demandez sur leur auteur, je serais bien en peine de vous répondre : cet artiste est aussi insaisissable que ses vers. Voici plusieurs années qu'il a quitté la France pour faire fortune dans la péninsule arabique où, si l'on en croit les rares nouvelles qui parviennent à certains de ses proches, il séjournerait encore.

En espérant que ces maigres renseignements vous satisferont, et restant votre dévoué… etc.

A. Kahn

D'après Philippe Claudel, « L'Autre », in *Les Petites Mécaniques*, © Mercure de France, 2003.

16 Écrire un verbe au présent de l'impératif

1

	Présent de l'indicatif	Présent du subjonctif	Présent de l'impératif
chanter	tu chant**es**	que tu chant**es**	chant**e**
prendre	tu prends	que tu prennes	prends
sentir	nous sentons	que nous sentions	sentons
acquérir	tu acquiers	que tu acquières	acquiers
secourir	tu secours	que tu secoures	secours

2 Écris – Définis – Réalise – parles-en – N'aie – va

EXPLICATION
Il ne faut pas oublier de supprimer le -s final de la 2e personne du singulier au présent de l'impératif des verbes du 1er groupe (*respecte, réalise*) sauf quand le verbe est suivi du pronom *en*, le s final assurant alors la liaison (*parles-en*).

3 **a.**, **b.** et **c.** – Cela m'ennuie de n'avoir pas de bijou. J'aurai l'air misère. J'aimerais presque mieux ne pas y aller.
– Que tu es bête ! Va trouver ton amie Mme Forestier et demande-lui de te prêter des bijoux.
Elle poussa un cri de joie :
– C'est vrai. Je n'y avais point pensé.
Le lendemain, elle se rendit chez son amie et lui conta sa détresse.
Mme Forestier alla vers son armoire à glace, prit un large coffret, l'apporta et dit à Mme Loisel :
– Choisis, ma chère.
Elle essayait les parures et ne pouvait se décider. Elle demandait toujours :
– Tu n'as plus rien d'autre ?
– Mais si. Cherche. Je ne sais ce qui peut te plaire.

4

	Nom masculin	3e personne du présent de l'indicatif
crier	un cri	il crie
ennuyer	un ennui	il ennuie

5 **a.** Elle aura l'air misère. Elle aimerait presque mieux ne pas y aller. **b.** Il s'agit d' ❑ une condition ☑ un souhait ❑ une certitude.

EXPLICATION
Le futur (*aura*) exprime une certitude (mode indicatif) tandis que le présent du conditionnel (*aimerait*) exprime un souhait.

6 **1.** conte **2.** compte **3.** comte **4.** comptes

7 **DICTÉE TYPE BREVET**

Les mots en violet sont en rapport avec la difficulté traitée dans la leçon.
Les mots soulignés seront épelés au cours de la dictée (noms propres ou vocabulaire vieilli).

Un destin tiré au sort

Dans ce roman, la guerre de 14 est racontée du point de vue d'un cheval. Alors que le cheval vient d'être blessé, un Allemand et un Gallois tirent au sort pour savoir à qui il reviendra.

Puis il plongea au fond de sa poche et en sortit une pièce.

– Choisis le côté que tu veux. « Pile ou face », c'est comme ça que vous dites, je crois. Je vais montrer la pièce à tout le monde, des deux côtés, et tout le monde saura que quel que soit celui qui gagnera le cheval, c'est seulement le hasard. [...] Le Gallois prit un air admiratif et sourit.

– D'accord, vas-y, Frisé ! Montre-leur la pièce, jette-la en l'air et je ferai une annonce.

L'Allemand brandit la pièce au soleil, puis décrivit lentement un cercle complet avant de l'envoyer tournoyer, toute brillante, haut dans les airs. Au moment où elle retomba par terre, le Gallois s'écria d'une voix puissante et sonore :

– Face !

Michael Morpurgo, *Cheval de guerre*, © Gallimard Jeunesse, 2005.

17 Écrire un verbe au présent du subjonctif

1 **1.** vouloir → tu veux, que tu veuilles
2. pouvoir → il peut, qu'il puisse
3. acquérir → j'acquiers, que j'acquière
4. peindre → vous peignez, que vous peigniez

2 **1.** parcoures **2.** parcourt **3.** voie **4.** vois

EXPLICATION
- Pour distinguer le présent de l'indicatif et le présent du subjonctif, remplace le verbe par *faire* : *il veut que tu parcoures.* (que tu fasses) ; *il arrivera à l'heure si elle parcourt.* (si elle fait).
- Le subjonctif en proposition indépendante peut exprimer un ordre à la 3e personne : *vois comme ils se ressemblent* (impératif, 2e personne du singulier) ; *qu'il voie comme ils se ressemblent* (subjonctif, 3e personne du singulier).

3 **a.** Temps → présent Mode → subjonctif Personne → 3e personne du singulier
b. on voit
c. Le subjonctif exprime ☑ un ordre

4

Présent de l'indicatif	Présent du subjonctif	Présent de l'impératif
je sais	qu'il sache	2e pers. du plur. : sachez

5 Alors ils entrèrent dans une barque, et comme ils allaient y mettre le pied, Athos leur remit une somme d'argent.

6 **DICTÉE TYPE BREVET**

Les mots en violet sont en rapport avec la difficulté traitée dans la leçon.

L'expérience à l'étranger

Pour qu'un jeune diplômé fasse valoir sa formation, il est important qu'il ait une expérience à l'étranger. Non qu'il ne puisse trouver un emploi en France, mais il est souhaitable qu'il parcoure d'abord le monde, qu'il acquière des compétences nouvelles, qu'il fasse la preuve de ses capacités d'adaptation.

Rien d'étonnant alors que les jeunes français s'expatrient, que ce soit pour améliorer leur pratique d'une langue étrangère ou appréhender d'autres cultures. Le choix de la destination est souvent lié à l'activité économique du pays ou du continent. Mais en réalité, peu importe la destination, le tout est de faire preuve de curiosité et d'adaptation à l'heure de la mondialisation.

18 Distinguer un passé simple d'un subjonctif imparfait

1 **1.** savoir → il sut → qu'il sût
2. manger → il mangea → qu'il mangeât

EXPLICATION
N'oublie pas d'ajouter un -*t* à la 3e personne du singulier au subjonctif imparfait des verbes du 1er groupe : *il chanta* [passé simple] / *qu'il chantât* [subjonctif imparfait].

2 **1.** Il se dépêchait de peur qu'on arrivât en retard.
2. Elle souhaitait qu'on la prévînt rapidement.
3. Je craignais qu'il ne fît une fausse note.

EXPLICATION
Le subjonctif dans les propositions subordonnées exprime une possibilité, un fait non réalisé.

3 **1.** Il faisait encore nuit quand on (partit) / partît. **2.** Il perdit la partie bien qu'il fut / (fût) le meilleur. **3.** Il la regarda sans qu'elle s'en aperçut / (aperçût). **4.** Il jouait si bien qu'on l'(applaudit) / applaudît longuement. **5.** Il l'(appela) / appelât dès qu'il (arriva) / arrivât.

EXPLICATION
On transforme les phrases au présent pour identifier un éventuel présent du subjonctif dans la subordonnée :
1. ... quand on part [indicatif] **2.** ... bien qu'il soit le meilleur [subjonctif] **3.** ... sans qu'elle s'en aperçoive [subjonctif] **4.** ... si bien qu'on l'applaudit [indicatif].

4 « Pas de questions, monsieur Peterson ? Vous êtes sûr que tout ira bien ? » Steve tenait à la main la lourde valise contenant l'argent de la rançon. Steve s'éloigna. Hugh regarda la Mercury sortir de l'allée, tourner à gauche vers l'autoroute. Elle avait été sablée et bien que la neige continuât à tomber, Steve conduisait plus facilement qu'il ne s'y attendait. Il avait craint que le ravisseur n'annulât son rendez-vous si les routes étaient dangereuses. À présent, il était certain de le rencontrer en quelque endroit que ce soit. Il se demandait pourquoi Hugh l'avait interrogé sur le passé de Nina.

5 **1.** Il s'(échauffa) / s'échauffât avant que la partie ne commença / (commençât). **2.** Il tombait de la neige si bien qu'elle (arriva) / arrivât en retard. **3.** Bien que la neige continua / (continuât) à tomber, Steve (avança) / avançât plus facilement qu'il ne s'y attendait.
4. Son frère (insista) / insistât pour qu'elle l'accompagna / (accompagnât) au cinéma.

6 **a.** Le subjonctif exprime :
☑ un fait possible ☐ un fait certain.
b. Il a craint que le ravisseur ne fasse annuler son rendez-vous si les routes étaient dangereuses.

7 Il se demandait pourquoi Hugh l'avait interrogé sur le passé de Nina.
→ Elle se demandait pourquoi Hugh l'avait interrogée sur le passé de Nina.

EXPLICATION
Le participe passé *interrogée* employé avec *avoir* s'accorde en genre et en nombre avec le pronom personnel *l'* en fonction de COD, qui renvoie à *elle*.

8 **DICTÉE TYPE BREVET**

Les mots en violet sont en rapport avec la difficulté traitée dans la leçon.

L'apprentissage de l'écriture

Je tâchais de toute ma jeune et coléreuse volonté de faire des bâtons qui soient aussi droits, aussi régulièrement penchés que les bâtons modèles tracés au tableau noir par le maître.

Je pris un jour une résolution suprême : je résolus de faire si bien ma page que le maître n'y trouve rien à redire et ne fasse aucune correction sur ma propre page. Je m'appliquai de toutes mes forces. Quand j'eus fini, je trouvai que j'avais réussi ; j'attendis qu'on me rendît justice. Comme tous les autres jours, le maître passa ; comme tous les autres jours, le maître, sans rien remarquer, sans penser à mal, me corrigea mes bâtons.

D'après Charles Péguy, *Notre jeunesse* (1910).

19 Distinguer es, est, ai, aie, aies, ait, aient

1 **1.** Ai-je bien entendu ?
2. J'ai apporté le livre que je t'avais promis. Je l'ai acheté hier.
3. (Bien que) j'aie révisé mes examens, j'ai peur de les rater.
4. L'année s'achève (sans que) j'aie eu le temps de te rendre visite.

2 **1.** Il faut que tu aies payé tes impôts avant le 15 décembre.
2. Pourquoi es-tu arrivé en retard ?
3. N'aie pas peur.
4. Il souhaite que tu aies rendu ton rapport demain matin.

EXPLICATION
N'<u>aie</u> pas peur : impératif 2e pers. du sing. du verbe *avoir*. La phrase formule une interdiction.

3 **1.** Qu'il est capricieux !
2. Il est possible qu'il ait raté son avion.
3. Est-ce l'heure de partir ?
4. Il est souhaitable qu'ils se soient relus avant qu'ils aient rendu leurs copies.

EXPLICATION
Il <u>est</u> → *nous <u>sommes</u>* (verbe *être*, indicatif). *Bien qu'elle <u>ait</u>* → *bien que nous <u>ayons</u>* (verbe *avoir*, subjonctif).

4 Le premier qui apprit la nouvelle fut le juge Koltz. Dès qu'il l'aperçut, Frik lui cria :
« Le feu [est] au burg notre maître !
– Que dis-tu là, Frik ?
– Je dis ce qui [est] !
– [Est]-ce que tu [es] devenu fou ? Il se peut que tu aies été trompé. »
En effet, comment un incendie pouvait-il s'attaquer à ce vieil amoncellement de pierres ?
Frik tendit la lunette à maître Koltz.
« Qu'[est]-ce cela ? dit-il.
– Une machine que je vous ai achetée deux florins, mon maître, bien qu'elle ait une plus grande valeur.
– Aie l'amabilité de m'en expliquer le fonctionnement.
– Ajustez cela à votre œil, visez le burg en face, et vous verrez. »

EXPLICATION
Après le pronom *tu*, on peut rencontrer *es* ou *aies* : *tu <u>es</u>* → *nous <u>sommes</u>* (verbe *être*, présent de l'indicatif) ou *il se peut que tu <u>aies</u> été trompé* → *il se peut que nous <u>ayons</u> été trompés* (subjonctif).

5

1re pers. sing. présent de l'indicatif	2e pers. sing. présent de l'impératif	2e pers. sing. présent du subjonctif	3e pers. sing. présent du subjonctif
ai	aie	aies	ait

6 **a.** (Bien qu') elle ait une plus grande valeur.
b. Le mode rencontré est le subjonctif.

7 **a.** C'est une phrase impérative (ou injonctive).
b. Le verbe est conjugué au présent de l'impératif.

EXPLICATION
Le mode impératif exprime un commandement, un conseil, une prière.

8 **DICTÉE TYPE BREVET**

Les mots en violet sont en rapport avec la difficulté traitée dans la leçon.

Un humiliant malentendu

La narratrice, stagiaire dans une entreprise japonaise, vient d'humilier malgré elle sa responsable en la surprenant en train de pleurer dans les toilettes.

J'aurais tellement voulu la détromper, lui dire : « D'accord, c'était stupide et maladroit, mais je vous conjure de me croire : je n'ai pas eu d'autre motivation que la bonne, brave et bête humanité. Il y a quelque temps, je vous en ai voulu, c'est exact, et cependant, quand je vous ai vue si bassement humiliée, il n'y a plus eu place en moi que pour la compassion. Et fine comme vous l'êtes, pouvez-vous douter qu'il y ait, dans cette entreprise, non, sur cette planète, quelqu'un qui vous estime, vous admire et subisse votre empire à un degré comparable au mien ? »

Amélie Nothomb, *Stupeur et tremblements*, Albin Michel, 2000.

20 Distinguer plutôt et plus tôt, près et prêt

1 **1.** Ils sont arrivés ❑ plutôt ☑ plus tôt que prévu.
2. ☑ Plutôt ❑ Plus tôt que de t'inquiéter, appelle-les pour savoir s'ils sont rentrés.
3. Il préfère accepter temporairement cet emploi à l'étranger ☑ plutôt ❑ plus tôt que de changer d'entreprise.
4. Le jour de son examen de conduite, il s'est levé ❑ plutôt ☑ plus tôt pour ne pas risquer d'arriver en retard.

2 **1.** Nous sommes prêt(e)s à nous rendre chez notre grand-mère qui habite dans un village près de Gap. **2.** Soyez prêt(s) à dix-sept heures précises. Attendez-moi près de la gare. **3.** Il ne faut pas se placer trop près de la bordure du quai quand les trains sont prêts à entrer en gare. **4.** Nous sommes en retard. Le dîner n'est pas près d'être prêt. **5.** Attention, prêts, partez ! **6.** Ils sont toujours prêts à rendre service !

EXPLICATION
Prêt est un adjectif qualificatif qui s'accorde avec le nom qu'il caractérise : *nous sommes prêts, les trains sont prêts.*

3 **a.** **1.** Sharon s'agenouilla près de lui.
☑ à côté de ❑ décidé, disposé à
2. Il était prêt à le tuer.
❑ à côté de ☑ décidé, disposé à
b. Ils étaient prêts à les tuer.

4 **1.** Un moment plus tôt, elle avait entendu un déclic. ☑ oui ❑ non
2. Il abaissa lentement son revolver plutôt que de tirer. ❑ oui ☑ non

5 **a.** L'enfant leva un regard suppliant vers Sharon. L'enfant leva des yeux suppliants vers Sharon.
b. **1.** *Suppliant* est un adjectif verbal.
2. Il s'accorde

EXPLICATION
Un regard suppliant et *à mains tremblantes* : ces deux adjectifs verbaux jouent le rôle d'adjectif qualificatif. Ils s'accordent en genre et en nombre avec le nom qu'ils caractérisent.
Faisant un bouclier de son corps : *faisant* est un participe présent. Il ne dit pas comment est la femme mais ce qu'elle fait. Le participe présent est une forme verbale ; il peut être suivi d'un groupe nominal en fonction de COD et il est invariable.

6 « Assieds-toi. » L'ordre s'adressait à Neil. L'enfant leva un regard suppliant vers Sharon, et s'assit sans protester.
Sharon s'agenouilla près de lui. « Neil, n'aie pas peur. » À mains tremblantes, elle saisit l'une des bandes et l'enroula autour de ses yeux.
Elle leva les yeux. L'inconnu fixait Neil. Le revolver était pointé sur lui. Un moment plus tôt, elle avait entendu un déclic et avait attiré Neil contre elle, faisant un bouclier de son corps.
L'inconnu la regarda. Il abaissa lentement son revolver plutôt que de tirer. Il avait failli tuer Neil, pensa-t-elle. Il était prêt à le tuer.
Assieds prend un *s* final à la 2e personne du singulier mais *aie* n'en prend pas.

7 **DICTÉE TYPE BREVET**

Les mots en violet sont en rapport avec la difficulté traitée dans la leçon.

Éloge du petit déjeuner

Il vaut mieux se lever plus tôt pour être prêt à l'heure plutôt que de risquer d'arriver en retard au collège. Près d'un élève sur deux ne prend pas de petit déjeuner, sans doute parce qu'il préfère prolonger son temps de sommeil. S'il est difficile pour un adolescent de se lever le matin, pour autant, le petit déjeuner n'est pas temps perdu : quand ce repas est équilibré, le collégien est prêt pour une matinée de cours ; il gagne en concentration et en efficacité. Tous les médecins nutritionnistes l'affirment : le petit déjeuner est essentiel et plutôt que de manquer ce repas, il est préférable de mettre son réveil une demi-heure plus tôt. Quant au déjeuner, il sera plus léger et évitera au collégien la somnolence des débuts d'après-midi.

21 Distinguer *eut* et *eût*, *fut* et *fût*

1 **1.** Quand la bise fut (est) venue, la cigale ne trouva plus rien à manger.
2. Bien qu'elle eût (ait) tout son temps, elle préféra ne pas prolonger sa promenade.
3. Il veilla jusqu'à ce qu'il eût (ait) trouvé une solution à son problème.
4. Après qu'il eut (a) terminé son repas, il alla se reposer.
5. Elle avait tout organisé, avant qu'il fût (soit) de retour.

EXPLICATION
Les conjonctions de subordination *bien que*, *avant que*, *pour que* et *jusqu'à ce que* sont toujours suivies du subjonctif. Les conjonctions de subordination *après que* et *quand* sont toujours suivies de l'indicatif.

2 Tant que Cosette fut toute petite, elle fut le souffre-douleur des deux autres enfants ; dès qu'elle se mit à se développer un peu, c'est-à-dire avant même qu'elle eût cinq ans, elle devint la servante de la maison. Si sa mère fût revenue à Montfermeil au bout de ces trois années, elle n'eût point reconnu son enfant.

EXPLICATION
L'emploi du subjonctif dans la dernière phrase est de registre soutenue. Dans un langage courant, on dirait : → *Si sa mère était revenue, elle n'aurait pas reconnu son enfant.*

3 **a.** Les trois verbes au passé simple sont fut, put, se hâta.
b. Le soir du 9 juin, le loquet de la porte est levé du dehors.

EXPLICATION
La forme *fut levé* est aussi au passé simple voix passive. Elle peut être remplacée par un présent voix passive (*est levé*).

4 **a.** D'après ces gens affolés, on eût dit que le sol était agité de trépidations, comme si un ancien cratère se fût rallumé à la chaîne des Carpathes.
❑ passé antérieur ☑ subjonctif plus-que-parfait
b. D'après ces gens affolés, on aurait dit que le sol était agité de trépidations, comme si un ancien cratère s'était rallumé à la chaîne des Carpathes.

5 eût ; fût ; chaîne ; être ; hâta ; hôte.

6 **DICTÉE TYPE BREVET**

Les mots en violet sont en rapport avec la difficulté traitée dans la leçon.
Le mot souligné sera épelé au cours de la dictée (nom propre).

Dilemme d'une jeune stagiaire

La narratrice, stagiaire dans une entreprise japonaise, fait l'expérience de la différence des cultures.

Quand je rejoignis mon bureau, je devais tirer une drôle de tête, car Fubuki eut pour moi un regard doux et inquiet. Je restai longtemps prostrée, à me demander quelle attitude adopter.

Présenter ma démission eût été le plus logique. Pourtant, je ne pouvais me résoudre à cette idée. Aux yeux d'un Occidental, ce n'eût rien eu d'infamant ; aux yeux d'un Japonais, c'eût été perdre la face. J'étais dans la compagnie depuis un mois à peine. Or, j'avais signé un contrat d'un an. Partir après si peu de temps m'eût couverte d'opprobre à leurs yeux comme aux miens.

Amélie Nothomb, *Stupeur et tremblements*, Albin Michel 2000.

22 Distinguer *quoique* et *quoi que*

1 **1.** Quoique je sois fatigué, j'irais volontiers au cinéma.
2. Quoi qu'il en soit, il faut prendre une décision.
3. Je changerai d'emploi quoi que tu en penses.
4. J'ai pensé à toi pour cette mission quoique nous ne nous soyons pas revues depuis longtemps.
5. Quoique les vacances d'été durent deux mois, elles me semblent courtes.
6. Quoi qu'il fasse, quoi qu'il dise, vous êtes toujours en désaccord.

2 **1.** Je te rendrai ce travail dans les délais quoique j' ❑ ai ☑ aie pris un peu de retard.
2. Quoique j' ❑ ai été ☑ aie été peinée de ton silence, je ne t'en veux pas.
3. Quoi qu'il ❑ fit ☑ fît, elle n'était jamais satisfaite.
4. Quoiqu'elle ❑ parla ☑ parlât fort, il ne comprit pas.
5. Quoiqu'elle ❑ court ☑ coure vite, elle ne parvient pas à le rejoindre.

6. Quoique je ❑ vois ☑ voie un virage dangereux, je ne parviens pas à freiner à temps.
7. Quoiqu'il ❑ est ☑ ait des difficultés en orthographe, il ne se décourage pas.

3 ❑ bien qu' ☑ quelle que soit la chose qu'
b. Le verbe *arrivât* est conjugué à l'imparfait du subjonctif.

4 **1.** une petite maison (qu') on avait louée au milieu des champs. COD
2. Au bout de quelque temps (la région) était devenue mauvaise. Sujet

5 **1.** Au bout de quelque temps la région était devenue mauvaise.
2. Quelques heures plus tard, il avait pu passer tous ses télégrammes.

6 C'est la guerre. Pioche est un résistant. Il s'est barricadé avec ses fils dans une petite maison pour envoyer des messages. Ces télégrammes sont extrêmement importants. Il s'est engagé à terminer le travail quoi qu'il arrive.

EXPLICATION
On trouve *s'est* quand on conjugue un verbe pronominal au passé composé à la 3e pers. du sing.

7 **DICTÉE TYPE BREVET**

Les mots en violet sont en rapport avec la difficulté traitée dans la leçon.
Les mots soulignés seront épelés au cours de la dictée (noms propres).

Le cubisme

Quoi qu'on en pense, le cubisme constitue une étape majeure de l'histoire de la peinture au début du XXe siècle. Quoique ce courant fût de courte durée, il révolutionna l'histoire de l'art. Influencés par la peinture de Cézanne, les fondateurs de ce mouvement, Braque et Picasso, imaginèrent de représenter la réalité à l'aide de facettes géométriques, le sujet étant vu sous plusieurs angles de vue en même temps. Quoiqu'on connaisse surtout les œuvres picturales de ces deux artistes, le cubisme influença aussi la sculpture. Quoi qu'il en soit, on considère aujourd'hui qu'il favorisa l'avènement de l'abstraction.

23 Distinguer *quelque* et *quel que*

1 **1.** Je l'ai quitté il y a quelques instants.
2. Il aura vu quelque film d'horreur qui lui aura donné des cauchemars.
3. Allons faire quelques pas sur la plage.
4. Il regarde un tableau peint par quelque peintre paysagiste du XIXe siècle.

EXPLICATION
Phrases 1 et 3, *quelques* (= *plusieurs*) + groupe nominal au pluriel.
Phrases 2, et 4, *quelque* (= *un certain*) + groupe nominal au singulier.

2 **1.** Il a fait preuve de quelque détermination en repassant ce concours.
☑ déterminant indéfini ❑ adverbe
2. Il lui reste quelque cinq minutes avant la fin de l'épreuve.
❑ déterminant indéfini ☑ adverbe

3 **1.** (Quelque) / Quel que / Quels que intelligents qu'ils soient, ils n'ont pas décelé la supercherie.
2. Quelque / Quel que / (Quelle que) soit ta peine, il faut réagir.
3. Quelque / Quel que / (Quelles que) soient tes raisons, ton attitude est inadmissible.
4. (Quelque) / Quelle que généreuse qu'elle soit, elle n'a pu l'accueillir.

EXPLICATION
Dans les phrases 1 et 4, tu peux remplacer *quelque* par *aussi*, *quelque* est alors un adverbe. Il est donc invariable.

4 **a.** ☑ n'importe quel ❑ plusieurs
b. *Quel* s'accorde avec le nom *objet*.

EXPLICATION
Quel(s) que ou *quelle(s) que* est suivi du verbe *être* au subjonctif.

5 **a.** ☑ déterminant indéfini ❑ adverbe

EXPLICATION
Si *tout* est un déterminant indéfini, il s'accorde en genre et en nombre avec le nom ou le groupe nominal qu'il détermine.

6 **1.** Son pouls bat à soixante pulsations par minute.
2. Il a attrapé des poux à l'école.

EXPLICATION
Pou[ls] : nom masculin du latin *pu*[ls]*um* (pulsation cardiaque).
Pou : nom masculin (insecte parasite), prend un x au pluriel.

7 Les deux verbes au conditionnel présent sont : vivrais et partirais. Ils expriment des actions hypothétiques.

8 **DICTÉE TYPE BREVET**

Les mots en violet sont en rapport avec la difficulté traitée dans la leçon.
Les mots soulignés seront épelés au cours de la dictée (noms propres ou vocabulaire vieilli).

Les raz-de-marée ou tsunamis

Le mot tsunami vient du japonais et signifie « vague qui atteint le port ». Il s'agit du déplacement d'une énorme masse d'eau, depuis le fond de l'océan en direction des côtes.

Au large on n'aperçoit rien, la masse d'eau en mouvement se déplace en profondeur, à une vitesse qui peut atteindre quelque six cents kilomètres heure. Lorsqu'elle vient buter contre la côte et la plate-forme continentale, l'eau forme une vague gigantesque. Elle retombe alors avec violence, détruisant tout sur son passage. Un tsunami peut se propager sur quelques milliers de kilomètres. Quelle que soit la hauteur de la vague, c'est la masse d'eau déplacée qui importe. Celle-ci permet au tsunami de se déplacer loin à l'intérieur des terres, en l'absence de quelque relief pour l'arrêter.

D'après Florence Braunstein, Jean-françois Pépin, *La Culture générale pour les nuls*, First-Gründ, 2010.

24 Repérer les lettres muettes intercalées

1 **1.** enrouer → un enrouement
2. bégayer → un bégaiement
3. dénouer → un dénouement
4. licencier → un licenciement
5. payer → un paiement
6. remercier → un remerciement

2 **1.** Il a un rhume. Il boit du rhum.
2. Il verse un acompte.
3. Il a inhalé un gaz toxique.
4. Sur ce portail d'église, l'artiste a sculpté une scène représentant les élus et les damnés.
5. C'est sa septième condamnation pour vol.
6. C'est un spécialiste de la préhistoire.
7. Au Moyen Âge, un homme malhonnête est déshonoré.

EXPLICATION
Isoler le radical des mots dérivés facilite l'écriture de ces mots et le repérage des consonnes muettes.

3 **1.** rhino (nez) → oto-rhino-laryngologiste, rhinocéros
2. théo (dieu) → théologie, polythéiste, Théophile.
3. pathie (souffrance) → sympathie, antipathie, pathologie
4. ortho (droit, correct) → orthographe, orthopédie, orthophonie

EXPLICATION
Ne confonds pas *oto* (oreille → otite) et *auto* (par soi-même → automobile).

4 **1.** dehors **2.** cohue

EXPLICATION
Hors est un adverbe et une préposition exprimant le lieu.

5 aboyer : un aboiement

EXPLICATION
On a deux noms dérivés du verbe *aboyer* : *aboiement* et *aboi*. Le nom *aboi* n'est plus employé qu'au pluriel dans l'expression « être aux abois » (être dans une situation désespérée).

6

Le son [s] peut s'écrire :		Le son [z] peut s'écrire :
-s- entre une voyelle et une consonne	**-ss-** entre deux voyelles	**-s-** entre deux voyelles
incrustés, justesse, poursuite	molosses, justesse, passé, trousses, pressèrent, glisse	abasourdis

7 **1.** Le coût de la vie a augmenté.
2. Le chien porte au cou un collier.
3. Tout à coup, le téléphone sonna.
4. Il a reçu un coup sur la tête.

8 **DICTÉE TYPE BREVET**

Les mots en violet sont en rapport avec la difficulté traitée dans la leçon.
Les mots soulignés seront épelés au cours de la dictée (noms propres ou vocabulaire vieilli).

Une scène macabre

Des esclaves noirs se sont échappés d'un bateau. Un seul d'entre eux reste introuvable. La ville de Saint-Malo est alors confrontée à des phénomènes inquiétants : des doigts humains sont retrouvés cloués aux portes des maisons.

Le soir, lorsque nous remontâmes bredouilles de notre expédition souterraine, la ville était à nouveau dans une excitation inhabituelle. On venait de retrouver un autre doigt cloué, comme le premier, sur une porte. Un index, d'après le médecin.

Le plus extraordinaire, ce qui fit véritablement frissonner les badauds, c'est que le doigt avait été cloué sur les battants de la porte de l'hôtel de particulier de l'armateur. La panique saisit véritablement la ville lorsque le soir même, la fille de l'armateur – une gamine de huit ans – fut écrasée par une calèche. Personne ne put s'empêcher de faire le lien entre les deux événements. Le doigt avait appelé le malheur. Le ciel, désormais, nous regardait avec menace, parce que nous lui faisions horreur.

D'après Laurent Gaudé, « Sang négrier »,
in *Dans la nuit mozambique*, © Actes Sud, 2007.

25 Doubler ou non la consonne en début de mot

1 **1.** *f* ou *ff* ? effacer, africain, offert, affectation, effraction
2. *p* ou *pp* ? apercevoir, apparaître, apitoyer, appartement
3. *c* ou *cc* ? accueilllir, acompte, accrocher, acoustique, accalmie, oculaire

2 **1.** résistible → irrésistible **2.** matériel → immatériel **3.** limité → illimité **4.** responsable → irresponsable

EXPLICATION
Le préfixe *in-* devient *im-* devant un mot commençant par *m* ; *il-* devant un mot commençant par *l* et *ir-* devant un mot commençant par *r*.

3

									3.	
					2.				A	
		1.			A				C	
		A			C				O	
a.	A	P	E	S	A	N	T	E	U	R
		A			C				S	
		R			I				T	
		T			A				I	
		É		4.					Q	
				A					U	
		b.	A	C	A	N	T	H	E	
				R						
				E						

4 apparus

5 Le nom immeuble, et l'adjectif irréel

6 **1.** meuble → immeuble **2.** mobile → immobile
3. mobilier → immobilier

7 **1.** Elle n'a reçu aucun appel pendant une demi-heure.
2. Il l'a attendue une heure et demie.

8 **1.** fenêtre → défenestrer, défenestration
2. bâtiment → bâtir, bâtisse, bâtisseur

EXPLICATION

- L'accent circonflexe sur le deuxième e du nom *fenêtre* sert à transcrire le son [ɛ]. Il remplace un -s, qui a disparu et qui a subsisté dans les mots de la même famille : *défenestrer*, *défenestration*.
- L'accent circonflexe sur le *a* permet de distinguer le [a] de *patte* du [ɑ] de *pâtes*.

9 DICTÉE TYPE BREVET

Les mots en violet sont en rapport avec la difficulté traitée dans la leçon.

Pionniers du Nouveau Monde

À partir de la première moitié du XIXe siècle, un formidable espoir secoue l'Europe : pour tous les peuples écrasés, opprimés, oppressés, asservis, massacrés, pour toutes les classes exploitées, affamées, ravagées par les épidémies, décimées par les années de disette et de famine, une terre promise se mit à exister : l'Amérique, une terre vierge ouverte à tous, une terre libre et généreuse où les damnés du vieux continent pourront devenir les pionniers d'un nouveau monde, les bâtisseurs d'une société sans injustice et sans préjugés. L'Amérique devint le symbole de la vie nouvelle, de la chance enfin donnée, et c'est par dizaines de millions que les émigrants s'embarquèrent pour ce voyage sans retour.

D'après Georges Perec, *Récits d'Ellis Island, histoires d'errance et d'espoir*, © P.O.L, 1994.

26 Orthographier une famille de mots

1 banc • haut • balai • gai • mât • goût

1. exhausser → haut **2.** banquette → banc
3. démâter → mât **4.** dégoûter → goût
5. balayer → balai **6.** égayer → gai

2 **1.** vent • é[vent]ail • é[vent]er • ~~vente~~ • para[vent]
2. col • dé[col]leté • [col]lerette • ~~décoller~~
3. plant • [plant]er • [plant]ation • ~~plan~~

EXPLICATION
Le radical est la partie du mot qui porte son sens essentiel. É[vent]er signifie « faire du vent » tandis que l'idée de vent est absente du nom [vente] dérivé du verbe « vendre ». Le rapprochement phonique entre deux radicaux doit être confirmé par un rapprochement de sens.

3 **a. 1.** Un généreux donateur a permis la construction de ce centre médical.
2. Il s'adonne à cette passion depuis son plus jeune âge.
3. Il a fait une donation de son vivant à ses enfants.
b. Les verbes *donner* et *s'adonner* s'écrivent avec deux *n*, tandis que les noms *donateur* et *donation* avec un *n*.

EXPLICATION
La plupart des mots qui comportent le groupe de lettres *-onn* s'écrivent avec deux *n* : *maisonnette*, *s'adonner*, *étonnement*, *raisonnement*. Attention cependant aux exceptions : *donation*.

4 **1.** quartier → quart **2.** cicatrisée → cicatrice
3. façade → face **4.** trottoir → trot

5 **1.** flan[c] → efflanqué, flanquer
2. lon[g] → élongation, longitude, longueur, allonger
3. flo[t] → flotter, flotte

6 L'adverbe est construit à partir de l'adjectif qualificatif au féminin *vaine* auquel on ajoute le suffixe *-ment*. *Vainement* signifie *inutilement*.

EXPLICATION
On utilise aussi la locution adverbiale *en vain*, synonyme de *vainement* : *C'est en vain que j'ai cherché à te joindre au téléphone.*

7 **a.** Le nom *piquet* a été construit à partir du verbe *piquer*.
b. Le suffixe *-et* est un suffixe diminutif.
c. Les mots *garçonnet* et *bâtonnet* sont construits avec ce même suffixe.

8 **DICTÉE TYPE BREVET**

Les mots en violet sont en rapport avec la difficulté traitée dans la leçon.

Circulation

Pendant longtemps, *circuler* et *circulation* ne se sont dits que de parcours en cercle, ou du moins en courbes fermées, c'est-à-dire de *circuits*, autre mot de la même famille. *Circulation* s'est appliqué à l'astronomie, où il cousine avec révolution, qui exprime l'idée de retourner. *Circulation* comme dans le célèbre sketch de Raymond Devos, où un malheureux automobiliste est condamné à tourner sans fin autour de l'Arc de Triomphe, correspond d'abord et par nature à « tourner en rond ».

D'après Alain Rey, *À mots découverts. Chroniques au fil de l'actualité*, Robert Laffont, 2006.

27 Écrire les adverbes en -ment

1 **1.** secret → secrètement
2. résolu → résolument
3. amer → amèrement
4. absolu → absolument
5. heureux → heureusement
6. sûr → sûrement

2 **1.** fréquemment (fréquent)
2. élégamment (élégant)
3. bruyamment (bruyant)
4. différemment (différent)
5. apparemment (apparent)
6. récemment (récent)

3 **1.** Il écoute attentivement les aboiements des chiens.
2. On entend fréquemment des craquements dans les vieilles maisons.
3. Les glissements de terrain sont apparemment dus à un affaissement du sol.

EXPLICATION
Attentivement, *fréquemment* et *apparemment* sont des adverbes dérivés d'adjectifs qualificatifs.
Aboiement, *craquement*, *glissement* et *affaissement* sont des noms dérivés de verbes du 1er groupe.

4 **a.** En conséquence, il fallait occuper le temps d'une façon ou d'une autre entre chacune de ses apparitions, que j'attendais évidemment avec impatience. Je lisais beaucoup et j'avais appris à préparer des plats succulents grâce aux conseils culinaires de la femme du médecin. Un seul impératif : pas le moindre bruit. Je me déplaçais donc tout doucement, sur la pointe des pieds. Les murs n'étaient pas épais et un simple mouvement inconsidéré pouvait me trahir auprès de mes voisins. Par contre, je ne les entendais que trop bien, eux, et notamment ceux qui vivaient à gauche du palier.

b.

Adjectif masculin	Adjectif féminin	Adverbe en *-ment* dérivé
doux	douce	doucement

EXPLICATION
Les adverbes *évidemment* et *notamment* prennent deux *m* car ils se terminent par le son [amɑ̃].

c. évident

5 (façon) • beaucoup • pas (le moindre bruit) • tout (doucement) • trop • bien

6 Un simple mouvement inconsidéré pouvait me trahir auprès de mes voisins.
De simples mouvements inconsidérés pouvaient nous trahir auprès de nos voisins.

7 **a.**

palier • — • plate-forme entre deux volées d'escaliers
pallier • — • résoudre d'une manière provisoire

b. 1. Des mesures seront prises pour pallier la crise.
2. Il a invité ses nouveaux voisins de palier.

8 **DICTÉE TYPE BREVET**

Les mots en violet sont en rapport avec la difficulté traitée dans la leçon.
Le mot souligné sera épelé au cours de la dictée (nom propre).

Les émigrants d'Ellis Island

Tous les émigrants n'étaient pas obligés de passer par Ellis Island. Ceux qui avaient suffisamment d'argent pour voyager en première ou en deuxième classe étaient rapidement inspectés à bord par un médecin et un officier d'état civil et débarquaient sans problème. Le gouvernement fédéral estimait que ces émigrants auraient de quoi subvenir à leurs besoins et ne risqueraient pas d'être à la charge de l'État. Les émigrants qui devaient passer par Ellis étaient ceux qui voyageaient en troisième classe, c'est-à-dire dans l'entrepont, en fait à fond de cale, au-dessous de la ligne de flottaison, dans de grands dortoirs sans fenêtres mais pratiquement sans aération et sans lumière, où deux mille passagers s'entassaient sur des paillasses superposées.

Georges Perec, *Récits d'Ellis Island, histoires d'errance et d'espoir*, © P.O.L, 1994.

TEST (pages 4 et 5)

FORMER LE PLURIEL. ACCORDER

1. Ils ont jeté leurs porte-monnaie vert foncé par les portes-fenêtres.
2. Phrase **a.**
3. a. nulle – **b.** maintes – **c.** cent
4. a. tout autre sport – **b.** tout échevelée – **c.** tout froissés.
5. Même des enfants… – Ce sont toujours les mêmes…
6. Le mois précédent … – Le jour précédant son arrivée…

CONJUGUER, ACCORDER LE VERBE

7. je remue – il conclut – il mord – il craint – je peux – elle résout
8. J'admirais la manière dont il interprétait ce morceau. – J'admirai la manière dont il interpréta ce morceau.
9. C'est [toi] qui es en retard.
10. a. passé antérieur – **b.** plus-que-parfait – **c.** futur antérieur
11. je partis – je suis parti(e) – il a appris – il a reçu – je vécus – les livres qu'il a lus
12. Les (copies) sont corrigées. – Les copies ? Je (les) ai corrigées ce week-end. – Les (copies) que j'ai corrigées sont bonnes.
13. Ils se sont regardés – Ils se sont parlé
14. je courrais – je voudrais
15. finis – ouvre – sache
16. Il faut que vous travailliez, qu'il ait confiance en lui.
17. Bien qu'il allât prudemment, il tomba et vous vous précipitâtes pour l'aider à se relever.

ÉVITER LES CONFUSIONS

18. Es – ait
19. prêt à acheter – près de la gare.
20. eut terminé – fut pris.
21. Faux
22. Quelques

ORTHOGRAPHE D'USAGE

23. éternuement – cohabitation – comptable – septième – chorale – malhonnête
24. apercevoir – apparaître – occuper – oculiste – affirmer – effort – africain
25. gouttière (pas de la famille de goût)
26. lentement – gaiement (ou gaîment) – méchamment – fréquemment

DICTÉE PRÉPARÉE

Philippe Gerbier, chef d'un groupement de la Résistance, rapporte une conversation qu'il a eue avec un autre chef de groupement, Louis H.

Louis H. a dans un camp de concentration français trois hommes auxquels il tient beaucoup. Ces trois hommes, la Gestapo les a exigés. Ils vont lui être livrés dans quatre jours. L'organisation de Louis H. a été terriblement éprouvée. Ensuite, nous nous sommes laissés aller aux souvenirs. Sur les quatre cents membres qui au début formaient leur groupe, il en reste cinq qui sont encore en vie ou en liberté. La Gestapo fauche sans cesse, plus serré, plus dru. Mais l'ennemi ne peut plus réussir à supprimer la résistance. Elle a pris la forme de l'Hydre. Coupez-lui la tête, il en repousse dix, à chaque jet de sang.

Joseph Kessel, *L'Armée des ombres*, © Irish Red Cross Society, 1972.

4 Les participes passés employés avec *avoir*

a. Retrouve deux participes passés employés avec *avoir*.

• .... • ....

b. Lequel est accordé ? Avec quel mot ? Quelle est sa fonction ?

....

SCORE ..../ 5

COUP DE POUCE
Relis le troisième point de la leçon 13, page 30.

5 Les participes passés employés avec *être*

a. Retrouvez deux participes passés (de verbes non pronominaux) employés avec *être*.

• .... • ....

b. À quelle règle d'accord obéissent-ils ?

....

....

SCORE ..../ 3

INFO
Le verbe *être* se construit avec l'auxiliaire *avoir* aux temps composés (*il a été, il avait été...*)

6 *Nous nous sommes laissés aller*

a. Quel est l'infinitif du verbe au passé composé ? ....

b. Il s'agit d'un verbe pronominal de sens :

❑ réfléchi ❑ réciproque ❑ passif

c. Entoure le mot avec lequel le participe s'accorde. Quelle est sa fonction ?

❑ sujet ❑ COD

SCORE ..../ 4

COUP DE POUCE
Relis la leçon page 32 si nécessaire.

7 DICTÉE TYPE BREVET Et maintenant, fais-toi dicter le texte figurant dans le livret, p. 15.

Corrigés p. 15

Plus d'exercices sur www.hatier-entrainement.com

TOTAL ..../ 31

15 Écrire un verbe au futur de l'indicatif ou au présent du conditionnel

- Le **futur de l'indicatif** se construit généralement à partir de l'**infinitif** auquel on ajoute les **terminaisons du verbe *avoir* au présent** :

  *je chanter**ai**, tu chanter**as**, il chanter**a**, nous chanter**ons**, vous chanter**ez**, ils chanter**ont***

- Le **présent du conditionnel** se construit généralement à partir de l'**infinitif** auquel on ajoute les **terminaisons du verbe *avoir* à l'imparfait** :

  *je chanter**ais**, tu chanter**ais**, il chanter**ait**, nous chanter**ions**, vous chanter**iez**, ils chanter**aient***

- **Certains verbes prennent deux *r* au futur et au conditionnel** :

  *pouvoir → je pou**rr**ai(s) ; mourir → je mou**rr**ai(s) ; courir → je cou**rr**ai(s)*
  *voir → je ve**rr**ai(s) ; envoyer → j'enve**rr**ai(s) ; conquérir → je conque**rr**ai(s)*

1 Conjugue les verbes suivants aux personnes demandées du futur de l'indicatif.

1. épeler → vous ....
2. secourir → je ....
3. remuer → il ....
4. voir → ils ....
5. prier → je ....
6. projeter → il ....
7. acquérir → tu ....
8. nettoyer → vous ....
9. envoyer → nous ....
10. savoir → ils ....
11. établir → ils ....
12. être → je ....

SCORE ..../ 12

2 Conjugue les verbes entre parenthèses au futur de l'indicatif ou au présent du conditionnel.

1. Je .... (pouvoir) te donner une réponse bientôt.
2. À ta place, j'.......................... (essayer) de la rappeler.
3. Je .... (vouloir) vous demander un conseil.

SCORE ..../ 3

ATTENTION
Pour ne pas confondre le futur et le conditionnel à la 1re personne du singulier, il faut changer de personne.
– Si je peux, je viendrai [elle viendra → futur].
– Si je pouvais, je viendrais [elle viendrait → conditionnel].

3 Écris les verbes entre parenthèses au futur simple ou au présent du conditionnel.

Ex. : *S'il le veut* (présent) *je l'aiderai* [futur]. *S'il le souhaitait* (imparfait) *je le conseillerais* [conditionnel].

1. Si tu m'écris je te .... (répondre).
2. Il croyait que je .... (venir) les voir pendant les vacances.
3. Si je n'ai pas trop de travail, j'.......................... (aller) au cinéma ce soir.
4. Si je n'étais pas si fatigué, je .... (faire) une randonnée à vélo.

SCORE ..../ 4

INFO
• Si + indicatif présent → futur dans la proposition principale.
• Si + indicatif imparfait → conditionnel présent dans la proposition principale.

DICTÉE PRÉPARÉE

Augustine Viellat cache des résistants dans sa ferme. Avant de partir pour Londres, l'un d'eux, Gerbier, veut la remercier.

– Comme nous serons très pressés ce soir, Madame, je voudrais savoir tout de suite ce que je vous dois, lui dit Gerbier.
– Oh, murmura Augustine… Oh ! Comment pouvez-vous…
– Mais enfin… huit personnes toute une semaine… par ces temps difficiles, insista Gerbier.
– Je vous apprendrai que tout paysans qu'ils sont, les Viellat sont aussi fiers que vous.
– Je voudrais que vous me permettiez de vous rapporter quelque chose de Londres quand je reviendrai. J'aimerais vous ramener un souvenir.
Augustine reprit sa respiration et chuchota :
– Des armes, donnez-moi des armes. Ça servira à tout le canton, le jour qu'il faudra.

Joseph Kessel, *L'Armée des ombres*, © Irish Red Cross Society, 1972.

4 **Surligne, dans la dictée, trois verbes conjugués au présent du conditionnel, et souligne cinq verbes conjugués au futur de l'indicatif.**

SCORE ..../ 8

5 **Conjugue entre parenthèses le verbe à la 3e personne du singulier du futur ou du conditionnel, puis complète la terminaison qui convient à la 1re personne.**
Ex. : *Je voudrais (elle voudrait) savoir ce que je vous dois.*

1. Je vous apprendr...... (elle vous ....) que tout paysans qu'ils sont, les Viellat sont aussi fiers que vous.

2. Je voudr...... (il ....) que vous me permettiez de vous rapporter quelque chose de Londres.

3. J'aimer...... (il ....) vous ramener un souvenir.

SCORE ..../ 6

6 **Les emplois du futur et du conditionnel présent**

a. Dans les phrases précédentes, quelle idée les verbes conjugués au présent du conditionnel expriment-ils ?

❑ une certitude ❑ un souhait

b. Quelle idée le verbe conjugué au futur de l'indicatif exprime-t-il ?

❑ une certitude ❑ un souhait

SCORE ..../ 2

7 **Complète les phrases suivantes par *-é*, *-ez* ou *-er*.**

1. Je serai très press...... ce soir. **2.** Comment pouv......-vous ? **3.** Je voudrais que vous me permetti...... de vous rapport...... quelque chose. **4.** Donn......-moi des armes.

SCORE ..../ 5

INFO
Pour distinguer l'infinitif en *-er* et le participe passé en *-é* d'un verbe du 1er groupe, il faut le remplacer par un verbe du 3e groupe (*il a chanté → il a pris ; il va chanter → il va prendre*).

8 DICTÉE TYPE BREVET Et maintenant, fais-toi dicter le texte figurant dans le livret, p. 16.

Corrigés p. 15-16

TOTAL ..../ 40

16 Écrire un verbe au présent de l'impératif

- Le **mode impératif** exprime un **commandement**, un **conseil**, une **prière**.
Il existe uniquement à la 2e personne du singulier et aux 1re et 2e personnes du pluriel.
Il se caractérise par l'absence de pronoms personnels sujets.
- Le **présent de l'impératif** emprunte ses **terminaisons** à l'**indicatif présent** :

1er groupe	2e groupe	3e groupe
chante, chantons, chantez	finis, finissons, finissez	pars, partons, partez

• Cependant, on supprime le *s* final à la 2e personne du singulier des verbes du 1er groupe et des verbes du 3e groupe qui se terminent par un *e* : *chante, cueille, sache*.
Attention au verbe *aller* : *va, allons, allez*.

• Quand l'impératif est suivi des pronoms ***en*** ou ***y*** on maintient un **s** de liaison :

Achète du pain. → Achètes-en. *Va. → Vas-y.*

- Les verbes ***être***, ***avoir***, ***savoir*** et ***vouloir*** empruntent leur **radical** au **présent du subjonctif** :

Avoir	Être	Savoir	Vouloir
aie, ayons, ayez	sois, soyons, soyez	sache, sachons, sachez	veuille, voulons, veuillez

1 **Complète le tableau ci-dessous.**

	Présent de l'indicatif	Présent du subjonctif	Présent de l'impératif
chanter	tu chantes	que tu chantes	chante
prendre	tu	que tu	....
sentir	nous	que nous	....
acquérir	tu	que tu	....
secourir	tu	que tu	....

SCORE ..../ 12

INFO
Les terminaisons du subjonctif présent sont *-e, -es, -e* aux trois personnes du singulier (*que je voie, que tu voies, qu'il voie*).

2 **Voici un mode d'emploi pour construire un diaporama. Complète-le en conjuguant les verbes entre parenthèses à la 2e personne du singulier du présent de l'impératif.**

.... (Écrire) le scénario du diaporama. .... (Définir) le nombre et le contenu des diapositives. .... (Réaliser) leur mise en forme (forme des cadres, arrière-plan, police de caractères...). Si tu rencontres des difficultés dans la réalisation de ton travail, ... (en parler) à ton professeur de technologie. N'.......................... (avoir) pas peur ; .... (aller) le consulter.

SCORE ..../ 6

COUP DE POUCE
Trois verbes perdent le -s final de la 2e personne du singulier du présent de l'impératif.

DICTÉE PRÉPARÉE

Mme Loisel, invitée au bal du Ministère, se lamente de ne pas avoir de bijou à porter.

– Cela m'ennuie de n'avoir pas de bijou. J'aurai l'air misère. J'aimerais presque mieux ne pas y aller.
– Que tu es bête ! Va trouver ton amie Mme Forestier et demande-lui de te prêter des bijoux.
Elle poussa un cri de joie :
– C'est vrai. Je n'y avais point pensé.
Le lendemain, elle se rendit chez son amie et lui conta sa détresse.
Mme Forestier alla vers son armoire à glace, prit un large coffret, l'apporta et dit à Mme Loisel :
– Choisis, ma chère.
Elle essayait les parures et ne pouvait se décider.
Elle demandait toujours :
– Tu n'as plus rien d'autre ?
– Mais si. Cherche. Je ne sais ce qui peut te plaire.

Guy de Maupassant, *La Parure*, 1885.

3 Les verbes à l'impératif présent

a. Surligne dans la dictée deux verbes du 1er groupe au présent de l'impératif.
b. Entoure un verbe du 2e groupe au présent de l'impératif.
c. Encadre un verbe du 3e groupe qui n'a pas de -*s* final à la 2e personne du présent de l'impératif.

SCORE ..../ 4

INFO
À l'impératif, les pronoms personnels en fonction de sujet (*tu, nous, vous*) sont supprimés.

4 Complète le tableau suivant.

	Nom masculin	3e personne du présent de l'indicatif
crier	un	il ....
ennuyer	un	il ....

SCORE ..../ 4

5 Le présent du conditionnel

a. Réécris les deux phrases soulignées à la 3e personne du singulier.

Elle ....

....

b. Identifie la valeur du présent du conditionnel *j'aimerais*.

Il s'agit d' ❑ une condition ❑ un souhait ❑ une certitude.

SCORE ..../ 3

COUP DE POUCE
Pour distinguer les formes homonymes du futur de l'indicatif et du présent du conditionnel à la 1re personne du singulier, change de personne.

6 Complète les phrases suivantes avec les homophones : *conte, comte, compte*.

1. Elle lui .... sa mésaventure. **2.** Je .... sur toi. **3.** Un .... vivait dans ce château. **4.** Avant de s'acheter cette maison, il a fait ses ....

SCORE ..../ 4

7 DICTÉE TYPE BREVET Et maintenant, fais-toi dicter le texte figurant dans le livret, p. 17.

Corrigés p. 16-17

Plus d'exercices sur www.hatier-entrainement.com

TOTAL ..../ 33

17 Écrire un verbe au présent du subjonctif

- Les terminaisons des verbes au présent du subjonctif sont toujours les mêmes : *-e, -es, -e, -ions, -iez, -ent*.

1er groupe	2e groupe	3e groupe
Chanter	**Finir**	**Prendre**
que je chante	que je finisse	que je prenne
que tu chantes	que tu finisses	que tu prennes
qu'il chante	qu'il finisse	qu'il prenne
que nous chantions	que nous finissions	que nous prenions
que vous chantiez	que vous finissiez	que vous preniez
qu'ils chantent	qu'ils finissent	qu'ils prennent

- Le **radical des verbes du 3e groupe** au subjonctif est **souvent irrégulier**.
Pour trouver ce radical, on peut faire précéder le verbe du 3e groupe de la locution verbale *il faut que* : *Il faut qu'il fasse* [faire], *il faut qu'il veuille* [vouloir].

- Le présent du subjonctif se rencontre dans une **proposition indépendante** pour exprimer un ordre, un conseil ou une interdiction : *Qu'il fasse ses devoirs !*
  - On trouve aussi le présent du subjonctif dans une **proposition subordonnée** pour exprimer une possibilité, un souhait : *Il se peut qu'il vienne. Je souhaite qu'il réussisse.*
  - Certaines **conjonctions de subordination** sont toujours suivies du subjonctif : *bien que, quoique, avant que, jusqu'à ce que, pour que, afin que, sans que…*

ATTENTION
Prends garde aux formes homophones du présent de l'indicatif et du présent du subjonctif (*Il court / qu'il coure ; nous craignons / que nous craignions*).

★★ **1 Conjugue les verbes suivants aux personnes demandées du présent de l'indicatif puis du présent du subjonctif.**

1. vouloir → tu ……………………………, que tu ……………………………

2. pouvoir → il ……………………………, qu'il ……………………………

3. acquérir → j' ……………………………, que j' ……………………………

4. peindre → vous ……………………………, que vous ……………………………

SCORE ……… / 8

INFO
Pour distinguer le présent de l'indicatif et celui du subjonctif, remplace le verbe par *faire* (*je fais / que je fasse*).

★★ **2 Dans les phrases suivantes, conjugue le verbe au présent de l'indicatif ou du subjonctif.**

1. Il veut que tu ……………………… (parcourir) cette distance en moins de trois heures ! **2.** Elle arrivera à l'heure si elle ……………………… (parcourir) cette distance en moins de trois heures. **3.** Il me montre son cahier pour que je ……………………… (voir) les progrès qu'il a accomplis. **4.** Je ne conduis pas de nuit parce que je ne ……………………… (voir) pas bien.

SCORE ……… / 4

DICTÉE PRÉPARÉE

Ce dialogue dramatique prend place à la fin du roman. Milady est sur le point d'être exécutée par le bourreau.

« Je vous pardonne, lui dit Athos, mon honneur perdu. Mourez en paix. »
Alors elle jeta autour d'elle un de ces regards clairs qui semblaient jaillir d'un œil de flamme.
« Où vais-je mourir ? dit-elle.
– Sur l'autre rive » répondit le bourreau.
Alors il entra dans une barque, et comme il allait y mettre le pied, Athos lui remit une somme d'argent.
« Tenez, dit-il, voici le prix de l'exécution ; que l'on voie bien que nous agissons en juges.
– C'est bien, dit le bourreau, et que maintenant à son tour cette femme sache que je n'accomplis pas mon métier mais mon devoir. »
Et il jeta l'argent dans la rivière.

Alexandre Dumas, *Les Trois Mousquetaires*, 1844.

3 Le présent du subjonctif

a. À quels temps, mode et personne le verbe souligné dans la dictée est-il conjugué ?

Temps → .... Mode → .... Personne → ....

b. Conjugue ce verbe au présent de l'indicatif.

....

c. Quelle idée le subjonctif exprime-t-il dans cette phrase ? Coche la bonne réponse.

❑ une possibilité ❑ une éventualité ❑ un ordre

SCORE ..../ 5

4 Complète le tableau en conjuguant le verbe *savoir* aux temps, modes et personnes demandés.

Présent de l'indicatif	Présent du subjonctif	Présent de l'impératif
je	qu'il	2e pers. du plur. : ....

SCORE ..../ 3

ATTENTION
Le verbe *savoir* construit son impératif à partir du radical du subjonctif présent.

5 Réécris la phrase en remplaçant *il* par *ils*. Fais toutes les modifications nécessaires.

Alors il entra dans une barque, et comme il allait y mettre le pied, Athos lui remit une somme d'argent.

....

....

SCORE ..../ 5

INFO
Le pronom personnel *leur* est placé avant le verbe et reste invariable. C'est le pluriel de *lui*.

6 DICTÉE TYPE BREVET Et maintenant, fais-toi dicter le texte figurant dans le livret, p. 18.

Corrigés p. 17

TOTAL ..../ 25

18 Distinguer un passé simple d'un subjonctif imparfait

- Il ne faut pas confondre les terminaisons homophones à la 3e personne du singulier du **passé simple** et de l'**imparfait du subjonctif** :

	1er groupe	2e groupe	3e groupe		
Passé simple	il chanta	il finit	il partit	il aperçut	il vint
Imparfait du subjonctif	qu'il chantât	qu'il finît	qu'il partît	qu'il aperçût	qu'il vînt

- Pour les différencier, on peut **remplacer** le passé simple par le présent de l'indicatif (avec une valeur de présent de narration) et l'imparfait du subjonctif par le présent du subjonctif :

*Il **fallut*** [faut] *qu'il **vînt*** [vienne] *le plus vite possible.*
passé simple — imparfait du subjonctif

★ 1 Conjugue les verbes suivants à la 3e personne du singulier du passé simple puis de l'imparfait du subjonctif.

Ex. : *grandir* → *il grandit* → *qu'il grandît*

1. savoir → il .... → qu'il ....
2. manger → il .... → qu'il ....

SCORE ..../ 4

ATTENTION Le passé simple et le subjonctif imparfait ont des formes homophones à la 3e personne du singulier. C'est l'accent circonflexe qui permet de les différencier.

★★ 2 Réécris les phrases suivantes au passé selon le modèle proposé.

Ex. Il <u>veut</u> qu'on *parte* [présent du subjonctif] → il <u>voulait</u> qu'on *partît* [imparfait du subjonctif].

1. Il se dépêche de peur qu'on arrive en retard.

....

2. Elle souhaite qu'on la prévienne rapidement.

....

3. Je crains qu'il ne fasse une fausse note.

....

SCORE ..../ 3

ATTENTION N'oublie pas d'ajouter un t à la 3e personne du singulier au subjonctif imparfait des verbes du 1er groupe : *il chanta* (passé simple) ; *qu'il chantât* (subjonctif imparfait).

★★ 3 Entoure la forme verbale qui convient. Souligne les conjonctions de subordination suivies d'un verbe au subjonctif.

Ex. : *Elle lui fit faire du théâtre <u>afin qu</u>'il prit / (prît) de l'assurance* [*afin qu'il prenne*, subjonctif].

1. Il faisait encore nuit quand on partit / partît. **2.** Il perdit la partie bien qu'il fut / fût le meilleur. **3.** Il la regarda sans qu'elle s'en aperçut / aperçût. **4.** Il jouait si bien qu'on l'applaudit / applaudît longuement. **5.** Il l'appela / appelât dès qu'il arriva / arrivât.

SCORE ..../ 8

INFO On trouve le plus souvent le subjonctif dans une proposition subordonnée pour exprimer une possibilité ou une éventualité.

DICTÉE PRÉPARÉE

Steve Peterson s'apprête à apporter au ravisseur de son fils et de sa compagne la rançon demandée. L'inspecteur Hugh Taylor vient de lui donner les dernières recommandations. Quelques années plus tôt, la femme de Steve, Nina, avait été assassinée.

« Pas de questions, monsieur Peterson ? Vous êtes sûr que tout ira bien ? » Steve tenait à la main la lourde valise contenant l'argent de la rançon. Steve s'éloigna. Hugh regarda la Mercury sortir de l'allée, tourner à gauche vers l'autoroute. Elle avait été sablée et bien que la neige continuât à tomber, Steve conduisait plus facilement qu'il ne s'y attendait. Il avait craint que le ravisseur n'annulât son rendez-vous si les routes étaient dangereuses. À présent, il était certain de le rencontrer en quelque endroit que ce soit. Il se demandait pourquoi Hugh l'avait interrogé sur le passé de Nina.

Mary Higgins Clark, *La Nuit du renard*, © Albin Michel, 1979.

4 Les verbes au passé simple et au subjonctif imparfait

a. Souligne deux verbes conjugués à la 3e personne du singulier du passé simple.

b. Surligne deux verbes du 1er groupe conjugués à la 3e personne du singulier de l'imparfait du subjonctif.

SCORE ..../ 4

COUP DE POUCE
- Les verbes au passé simple expriment les actions principales du récit.
- Le subjonctif imparfait est commandé par certaines conjonctions de subordination (voir la leçon du chapitre 17, page 38).

5 Dans les phrases suivantes, entoure la forme verbale qui convient. Souligne les conjonctions de subordination suivies d'un verbe au subjonctif.

1. Il s'échauffa / s'échauffât avant que la partie ne commença / commençât.

2. Il tombait de la neige si bien qu'elle arriva / arrivât en retard.

3. Bien que la neige continua / continuât à tomber, Steve avança / avançât plus facilement qu'il ne s'y attendait.

4. Son frère insista / insistât pour qu'elle l'accompagna / accompagnât au cinéma.

SCORE ..../ 10

INFO
- *Bien que* + subjonctif.
- *Si bien que* + indicatif.

6 La valeur du subjonctif

a. Dans la phrase soulignée, le subjonctif commandé par le verbe *craindre* exprime :

❑ un fait possible. ❑ un fait certain.

b. Réécris cette phrase au présent en remplaçant le verbe *annuler* par *faire annuler*.

Il a craint que ....

SCORE ..../ 2

7 Remplace le pronom *il* par *elle* et fais toutes les modifications nécessaires.

Il se demandait pourquoi Hugh l'avait interrogé sur le passé de Nina.

→ Elle se demandait ....

SCORE ..../ 1

ATTENTION
N'oublie pas l'accord du participe passé. Revois la leçon du chapitre 13, page 30.

8 DICTÉE TYPE BREVET Et maintenant, fais-toi dicter le texte figurant dans le livret, p. 18.

Corrigés p. 18

Plus d'exercices sur www.hatier-entrainement.com

TOTAL ..../ 32

19 Distinguer es, est, ai, aie, aies, ait, aient

- Le verbe *avoir* présente des **conjugaisons irrégulières** au présent :
  - de l'indicatif : *j'**ai**, tu as, il a, nous avons, vous avez, ils ont*
  - du subjonctif : *que j'**aie**, que tu **aies**, qu'il **ait**, que nous a**y**ons, que vous a**y**ez, qu'ils **aient***
  - au présent de l'impératif : ***aie**, ayons, ayez*
- On utilise la 2e personne du présent de l'impératif ***aie*** pour exprimer un ordre, un conseil, un souhait :

  ***Aie** confiance en toi !*
- On trouve les formes du subjonctif présent ***aie***, ***aies***, ***ait***, ***aient*** dans des propositions subordonnées, introduites par la conjonction *que*, pour exprimer une possibilité, un souhait, ou après les conjonctions de subordination *avant que*, *jusqu'à ce que*, *bien que*, *quoique*, *pour que* :

  *Il veut que j'**aie** 18 en mathématiques !*

  *Je n'irai pas au cinéma ce soir, bien que j'**aie** terminé mon travail.*
- ***Es*** et ***est*** sont les 2e et 3e personnes du singulier du **verbe *être*** au présent de l'indicatif.

★ 1 Dans les phrases suivantes, complète par *ai* ou *aie*. Entoure les conjonctions de subordination suivies du subjonctif.

1. ....-je bien entendu ?
2. J' .... apporté le livre que je t'avais promis. Je l' .... acheté hier.
3. Bien que j '............ révisé mes examens, j' .... peur de les rater.
4. L'année s'achève sans que j' .... eu le temps de te rendre visite.

SCORE .... / 6

★★ 2 Complète par *es*, *aies* ou *aie*.

1. Il faut que tu .... payé tes impôts avant le 15 décembre.
2. Pourquoi ....-tu arrivé en retard ?
3. N' .... pas peur.
4. Il souhaite que tu .... rendu ton rapport demain matin.

SCORE .... / 4

★★ 3 Complète par *est*, *ait* ou *aient*.

1. Qu'il .... capricieux !
2. Il .... possible qu'il .... raté son avion.
3. ....-ce l'heure de partir ?
4. Il .... souhaitable qu'ils se soient relus avant qu'ils .... rendu leurs copies.

SCORE .... / 6

INFO

Avec le pronom *je*, on écrit *ai* ou *aie*. Pour les différencier il faut changer de personne : *J'ai chaud.* → *Nous avons chaud* [présent de l'indicatif]. *Il se peut que j'aie chaud.* → *Il se peut que nous ayons chaud* [présent du subjonctif].

COUP DE POUCE

Aux 2e et 3e personnes du singulier, il faut se demander si l'on écrit le verbe *être* ou le verbe *avoir* (*Tu es/Nous sommes en retard* [être en retard]. *Il est probable que tu aies/que nous ayons du retard* [avoir du retard].)

DICTÉE PRÉPARÉE

Le berger Frik aperçoit une fumée en haut d'un vieux burg abandonné. Cet événement inquiète les habitants du village le plus proche.

Le premier qui apprit la nouvelle fut le juge Koltz. Dès qu'il l'aperçut, Frik lui cria :
« Le feu est au burg notre maître !
– Que dis-tu là, Frik ?
– Je dis ce qui est !
– Est-ce que tu es devenu fou ? Il se peut que tu aies été trompé. »
En effet, comment un incendie pouvait-il s'attaquer à ce vieil amoncellement de pierres ?
Frik tendit la lunette à maître Koltz.
« Qu'est-ce cela ? dit-il.
– Une machine que je vous ai achetée deux florins, mon maître, bien qu'elle ait une plus grande valeur.
– Aie l'amabilité de m'en expliquer le fonctionnement.
– Ajustez cela à votre œil, visez le burg en face, et vous verrez. »

Jules Verne, *Le Château des Carpathes*, 1892.

4 **Encadre dans le texte les formes du verbe *être* au présent de l'indicatif.**

SCORE .... / 5

5 **Surligne dans le texte toutes les occurrences du verbe ou de l'auxiliaire *avoir* puis classe-les.**

1re pers. sing. présent de l'indicatif	2e pers. sing. présent de l'impératif	2e pers. sing. présent du subjonctif	3e pers. sing. présent du subjonctif
....	....	....	....

SCORE .... / 4

6 **Le mode dans les propositions subordonnées conjonctives**

a. Entoure la conjonction de subordination dans la phrase suivante :

Une machine que je vous ai achetée deux florins bien qu'elle ait une plus grande valeur.

b. Quel est le mode rencontré après cette conjonction ?

❑ indicatif ❑ subjonctif

SCORE .... / 2

COUP DE POUCE
Relis la leçon du chapitre 17, page 38.

7 **Les types de phrases**

a. À quel type la phrase suivante appartient-elle ?

Aie l'amabilité de m'en expliquer le fonctionnement. → ....

b. Quels sont le temps et le mode du verbe souligné ? ....

SCORE .... / 2

INFO
Il y a quatre types de phrases : impérative, déclarative, interrogative et exclamative.

8 **DICTÉE TYPE BREVET** Et maintenant, fais-toi dicter le texte figurant dans le livret, p. 19.

Corrigés p. 19

Plus d'exercices sur www.hatier-entrainement.com

TOTAL .... / 29

20 Distinguer plutôt et plus tôt, près et prêt

- *Plutôt* et *plus tôt* sont des adverbes. C'est le sens qui permet de les différencier.
  - ***Plus tôt*** est le contraire de *plus tard* :

    Tu aurais pu me prévenir ***plus tôt*** [plus tard].
  - ***Plutôt (que de)*** peut être remplacé par *au lieu de* :

    Tu ferais mieux d'aller au cinéma ***plutôt que de*** [au lieu de] *rester là à t'ennuyer.*
- C'est le sens et la classe grammaticale qui permettent de distinguer les homophones *près* et *prêt*.
  - ***Près de*** est une préposition qu'on peut remplacer par *à côté de* :

    Jérôme s'est assis ***près de*** [à côté de] *Sophie en cours de français.*
  - ***Près*** est un adverbe :

    Il est demeuré tout ***près*** [à côté].
  - ***Prêt*** est un adjectif qualificatif qui signifie *décidé, disposé à* :

    Pierre est ***prêt à*** [disposé à] *acheter une maison à Douarnenez.*

  Attention : *prêt* s'accorde en genre et en nombre avec le nom ou pronom qu'il caractérise : *Ils sont* ***prêts****. Elles sont* ***prêtes****.*

★★ 1 Dans les phrases suivantes, coche la bonne réponse.

1. Ils sont arrivés ❑ plutôt ❑ plus tôt que prévu.

2. ❑ Plutôt ❑ Plus tôt que de t'inquiéter, appelle-les pour savoir s'ils sont rentrés.

3. Il préfère accepter temporairement cet emploi à l'étranger ❑ plutôt ❑ plus tôt que de changer d'entreprise.

4. Le jour de son examen de conduite, il s'est levé ❑ plutôt ❑ plus tôt pour ne pas risquer d'arriver en retard.

SCORE .... / 4

COUP DE POUCE
Remplace *plus tôt* par « plus tard » et *plutôt* par « au lieu de ».

★★ 2 Complète les phrases suivantes par les homophones *près* ou *prêt*.

1. Nous sommes .... à nous rendre chez notre grand-mère qui habite dans un village .... de Gap. **2.** Soyez .... à dix-sept heures précises. Attendez-moi .... de la gare. **3.** Il ne faut pas se placer trop .... de la bordure du quai quand les trains sont .... à entrer en gare. **4.** Nous sommes en retard. Le dîner n'est pas .... d'être .... **5.** Attention, ..., partez ! **6.** Ils sont toujours .... à rendre service !

SCORE .... / 10

ATTENTION
N'oublie pas d'accorder prêt (nom ou adjectif) si nécessaire.

DICTÉE PRÉPARÉE

Le jeune Neil a été kidnappé. La compagne de son père, Sharon, le rassure face aux injonctions de son ravisseur.

« Assieds-toi. » L'ordre s'adressait à Neil. L'enfant leva un regard suppliant vers Sharon, et s'assit sans protester.
Sharon s'agenouilla près de lui. « Neil, n'aie pas peur. » À mains tremblantes, elle saisit l'une des bandes et l'enroula autour de ses yeux.
Elle leva les yeux. L'inconnu fixait Neil. Le revolver était pointé sur lui. Un moment plus tôt, elle avait entendu un déclic et avait attiré Neil contre elle, faisant un bouclier de son corps.
L'inconnu la regarda. Il abaissa lentement son revolver plutôt que de tirer. Il avait failli tuer Neil, pensa-t-elle. Il était prêt à le tuer.

Mary Higgins Clark, *La Nuit du renard*, © Albin Michel, 1979.

3 Les homophones *près/prêt*

a. Dans les phrases suivantes, coche le sens de l'homophone souligné.

1. Sharon s'agenouilla <u>près</u> de lui. ❑ à côté de ❑ décidé, disposé à

2. Il était <u>prêt</u> à le tuer. ❑ à côté de ❑ décidé, disposé à

b. Réécris au pluriel la phrase *Il était prêt à le tuer.*

....

SCORE .... / 6

> **COUP DE POUCE**
> L'adjectif **prêt**, en fonction d'attribut, s'accorde en genre et en nombre avec le sujet.

4 Dans les extraits suivants, peux-tu remplacer les mots soulignés par *plus tard* ? Coche la bonne réponse.

1. Un moment <u>plus tôt</u>, elle avait entendu un déclic. ❑ oui ❑ non

2. Il abaissa lentement son revolver <u>plutôt</u> que de tirer. ❑ oui ❑ non

SCORE .... / 2

5 Les formes en *-ant*

a. Réécris la phrase en remplaçant le groupe nominal *un regard* par *des yeux* et fais toutes les modifications nécessaires.
L'enfant leva un regard suppliant vers Sharon.

....

b. Coche la bonne réponse.

1. *Suppliant* est ❑ un participe présent ❑ un adjectif verbal.

2. Il ❑ s'accorde ❑ est invariable.

SCORE .... / 4

> **COUP DE POUCE**
> Aide-toi de la leçon du chapitre 6, page 16.

6 Entoure dans la dictée deux verbes au présent de l'impératif et observe leurs terminaisons. Que remarques-tu ?

....

SCORE .... / 3

> **COUP DE POUCE**
> Aide-toi de la leçon du chapitre 16, page 36.

7 DICTÉE TYPE BREVET Et maintenant, fais-toi dicter le texte figurant dans le livret, p. 20.

Corrigés p. 20

TOTAL .... / 29

21 Distinguer *eut* et *eût*, *fut* et *fût*

- *Eut* est le **passé simple** du verbe ***avoir*** à la 3e personne du singulier.
Fut est le **passé simple** du verbe ***être*** à la 3e personne du singulier.
On peut remplacer le passé simple par le présent de narration :

  *La fourmi **fut** [est] bien heureuse d'aller chez sa voisine quand elle n'**eut** [a] plus rien à manger.*

- Le **passé antérieur** se forme avec un auxiliaire, *avoir* ou *être*, au passé simple, suivi du participe passé du verbe conjugué : *il fut venu, il eut voulu.*
On rencontre le passé antérieur dans les propositions subordonnées conjonctives, en fonction de complément circonstanciel de temps :

  *Dès qu'il **fut rentré**, la nuit commença à tomber.*

  *Quand elle **eut terminé** son travail, elle alla à la piscine.*

- *Eût* est le **subjonctif imparfait** du verbe ***avoir*** à la 3e personne du singulier.
Fût est le **subjonctif imparfait** du verbe ***être*** à la 3e personne du singulier.
Pour le différencier du passé simple, on peut remplacer le subjonctif imparfait par le subjonctif présent :

  *Bien qu'il n'**eût** [ait] que trente ans, il en paraissait [paraît] plus de quarante.*

  *Avant qu'il **fût** [soit] chef d'orchestre, il était violoniste.*

- Le **subjonctif plus-que-parfait** se forme avec un auxiliaire, *être* ou *avoir*, au subjonctif imparfait, suivi du participe passé du verbe conjugué : *qu'il fût venu, qu'il eût voulu.*
Le subjonctif plus-que-parfait peut être remplacé par le subjonctif passé :

  *Il avait terminé son livre avant qu'il ne **fût rentré** [soit rentré].*

★★ 1 Complète les propositions subordonnées conjonctives suivantes par *eut, eût, fut* ou *fût*. Souligne les conjonctions de subordination.

1. Quand la bise .... venue, la cigale ne trouva plus rien à manger.
2. Bien qu'elle .... tout son temps, elle préféra ne pas prolonger sa promenade.
3. Il veilla jusqu'à ce qu'il .... trouvé une solution à son problème.
4. Après qu'il .... terminé son repas, il alla se reposer.
5. Elle avait tout organisé, avant qu'il .... de retour.

SCORE ..../ 5

COUP DE POUCE
Vérifie que tu as employé trois fois le subjonctif, deux fois *eût* et une fois *fût*.

★★ 2 Complète le texte suivant par *eut, eût, fut* ou *fût*.

Tant que Cosette .... toute petite, elle .... le souffre-douleur des deux autres enfants ; dès qu'elle se mit à se développer un peu, c'est-à-dire avant même qu'elle .... cinq ans, elle devint la servante de la maison. Si sa mère .... revenue à Montfermeil au bout de ces trois années, elle n'.............. point reconnu son enfant.

SCORE ..../ 5

ATTENTION
Dans la dernière phrase, conjugue les deux verbes à l'imparfait du subjonctif.

DICTÉE PRÉPARÉE

Les habitants du village de Werst, en Transylvanie, ont aperçu de la fumée dans un vieux château abandonné. Une frayeur s'empare des villageois qui croient au retour du diable !

D'après ces gens affolés, on eût dit que le sol était agité de trépidations, comme si un ancien cratère se fût rallumé à la chaîne des Carpathes. Mais peut-être y avait-il de l'exagération dans ce qu'ils croyaient voir, entendre et ressentir.
L'auberge du village était déserte.
Le soir du 9 juin, le loquet de la porte fut levé du dehors ; mais cette porte verrouillée du dedans ne put s'ouvrir. L'aubergiste se hâta de descendre. À l'espoir qu'il éprouvait de se trouver en face d'un hôte se joignait la crainte que cet hôte ne fût quelque revenant.

D'après Jules Verne, *Le Château des Carpathes*, 1892.

3 Le passé simple

a. Dans le texte de la dictée, surligne les trois verbes conjugués au passé simple.

b. Transpose la phrase écrite en couleur en conjuguant le verbe *être* au présent de narration.

Le soir du 9 juin, le loquet de la porte .... levé du dehors.

SCORE ..../ 4

> **COUP DE POUCE**
> Les actions au premier plan du récit sont exprimées au passé simple.

4 Les temps composés

a. Dans la phrase suivante, à quel temps les verbes soulignés sont-ils conjugués ?

D'après ces gens affolés, on eût dit que le sol était agité de trépidations, comme si un ancien cratère se fût rallumé à la chaîne des Carpathes.

❑ passé antérieur ❑ subjonctif plus-que-parfait

b. Réécris la phrase précédente en conjuguant le verbe au conditionnel passé.

D'après ces gens affolés, on .... que le sol était agité de trépidations, comme si un ancien cratère s'était rallumé à la chaîne des Carpathes.

SCORE ..../ 1

> **COUP DE POUCE**
> *Il eût fallu* [subjonctif plus-que-parfait]
> → *Il aurait fallu* [conditionnel passé]

5 Encadre tous les mots de la dictée qui portent un accent circonflexe.

SCORE ..../ 6

6 DICTÉE TYPE BREVET Et maintenant, fais-toi dicter le texte figurant dans le livret, p. 21.

Corrigés p. 21

TOTAL ..../ 21

ÉVITER LES CONFUSIONS

22 Distinguer *quoique* et *quoi que*

- ***Quoique*** et ***quoi que*** sont des **conjonctions de subordination** introduisant une proposition circonstancielle de concession.
  La **concession** exprime une cause dont la conséquence attendue ne s'est pas réalisée :
  Quoiqu'*elle ait révisé, elle n'a pas réussi son contrôle.*
  [Puisqu'elle a révisé, on attendait qu'elle réussisse et c'est le contraire qui s'est produit.]
- ***Quoique*** peut être remplacé par *bien que* :
  Quoiqu'*elle* [bien qu'elle] *ait révisé, elle n'a pas réussi son contrôle.*
- ***Quoi que*** peut être remplacé par *quelle que soit la chose que* :
  Quoi que [quelle que soit la chose que] *je fasse, elle n'est jamais contente.*
- **Attention !** *Quoique* et *quoi que* sont toujours invariables et suivis du subjonctif.

COUP DE POUCE
Vérifie tes réponses en remplaçant *quoique* par *bien que* et *quoi que* par *quelle que soit la chose que*.

★ 1 Complète les phrases par *quoique* ou *quoi que*.

1. .... je sois fatigué, j'irais volontiers au cinéma.
2. .... il en soit, il faut prendre une décision.
3. Je changerai d'emploi, ... tu en penses.
4. J'ai pensé à toi pour cette mission, ... nous ne nous soyons pas revues depuis longtemps.
5. .... les vacances d'été durent deux mois, elles me semblent courtes.
6. .... il fasse, ... il dise, vous êtes toujours en désaccord.

SCORE .... / 7

INFO
Quoique et *quoi que* sont suivis du subjonctif.

★★ 2 Complète par *quoique* ou *quoi que*, puis coche la forme du verbe qui convient.

1. Je te rendrai ce travail dans les délais .... j' ❑ ai ❑ aie pris un peu de retard.
2. .... j' ❑ ai été ❑ aie été peinée de ton silence, je ne t'en veux pas.
3. .... il ❑ fit ❑ fît, elle n'était jamais satisfaite.
4. .... elle ❑ parla ❑ parlât fort, il ne comprit pas.
5. .... elle ❑ court ❑ coure vite, elle ne parvient pas à le rejoindre.
6. .... je ❑ vois ❑ voie un virage dangereux, je ne parviens pas à freiner à temps.
7. .... il ❑ est ❑ ait des difficultés en orthographe, il ne se décourage pas.

SCORE .... / 14

DICTÉE PRÉPARÉE

Dans ses notes, Philippe Gerbier, chef d'un groupe de résistants, rapporte des faits de résistance.

Joseph Pioche, qui est un opérateur de radio remarquable, avait installé son poste dans une petite maison qu'on avait louée au milieu des champs. Au bout de quelque temps la région était devenue mauvaise. Des voitures de repérage naviguaient aux alentours. Pioche eut à passer, le dernier jour, vingt-deux télégrammes extrêmement importants. C'est très long vingt-deux télégrammes quand la détection vous cerne. Pioche s'est barricadé dans la maison avec ses deux fils bien armés. Ils avaient pour consigne de tenir quoi qu'il arrivât, jusqu'à la fin des messages, mais Pioche a pu passer ses télégrammes sans incident.

Joseph Kessel, *L'Armée des ombres*, © Irish Red Cross Society, 1972.

3 ***Quoi que***

a. Dans la phrase en couleur de la dictée, remplace *quoi qu'* par la locution qui convient. Coche la bonne case.

❑ bien qu'   ❑ quelle que soit la chose qu'

b. À quels temps et mode le verbe *arrivât* est-il conjugué ?

....

SCORE .... / 2

> **COUP DE POUCE**
> Relis la leçon page 48.

4 **Dans les extraits suivants, entoure le mot avec lequel tu accordes le participe passé puis précise sa fonction grammaticale.**

1. une petite maison qu'on avait louée au milieu des champs.

Fonction : ....

2. Au bout de quelque temps la région était devenue mauvaise.

Fonction : ....

SCORE .... / 4

5 **Complète les phrases par *quelque* ou *quelques*.**

1. Au bout de .... temps la région était devenue mauvaise.

2. .... heures plus tard, il avait pu passer tous ses télégrammes.

SCORE .... / 2

> **COUP DE POUCE**
> Si tu peux compléter par *plusieurs*, il faut écrire *quelques*.

6 **Complète le texte suivant par *ses, ces, c'est* ou *s'est*.**

.... la guerre. Pioche est un résistant. Il .... barricadé avec .... fils dans une petite maison pour envoyer des messages. .... télégrammes sont extrêmement importants. Il .... engagé à terminer le travail quoi qu'il arrive.

SCORE .... / 5

> **INFO**
> • *ses* enfants [= les siens] ;
> • *ces* enfants [ceux-là]
> • *C'est* beau ! [= Cela est beau.]
> • Il *s'est* levé [passé composé du verbe *se lever*].

7 **DICTÉE TYPE BREVET** Et maintenant, fais-toi dicter le texte figurant dans le livret, p. 22.

Corrigés p. 21-22

TOTAL .... / 34

ÉVITER LES CONFUSIONS

23 Distinguer *quelque* et *quel que*

- ***Quelque*** est un **déterminant indéfini**. On le trouve avant un nom ou un groupe nominal. Il s'emploie au singulier ou au pluriel selon son sens.
  - *Quelques* au pluriel a le sens de *plusieurs* :

    *Je suis allée en Grèce il y a **quelques*** [plusieurs] *années.*
  - *Quelque* au singulier a le sens de *un certain, n'importe quel* :

    *Il y a **quelque*** [un certain] *temps que je projette de faire un voyage en Grèce.*
- ***Quelque*** peut aussi être un **adverbe**. Il a le sens de *environ* et il est invariable. On le trouve alors avant un déterminant numéral :

  *Il lui reste **quelque*** [environ] *cent cinquante mètres à parcourir.*
- ***Quelque... que*** s'écrit en deux mots. *Quelque* est alors placé avant un adjectif qualificatif en fonction d'attribut. Il est invariable ; on peut le remplacer par *aussi*. La proposition qui suit, introduite par *que*, est au **subjonctif** :

  Quelque [aussi] *courageux **qu'**il soit, il lui est difficile de surmonter cette épreuve.*
- ***Quel(s) que, quelle(s) que*** est toujours suivi du verbe *être* au **subjonctif**. Il s'accorde en genre et en nombre avec le sujet dont il est attribut :

  ***Quelle que** soit ta décision* [sujet], *je la comprendrai.*

1 **Dans les phrases suivantes, écris au singulier ou au pluriel le groupe nominal en couleur.**

1. Je l'ai quitté il y a quelque...... instant...... .
2. Il aura vu quelque...... film...... d'horreur qui lui aura donné des cauchemars.
3. Allons faire quelque...... pas sur la plage.
4. Il regarde un tableau peint par quelque...... peintre...... paysagiste...... du XIXe siècle.

SCORE ..../ 8

COUP DE POUCE
Quelque s'écrit au singulier si on peut le remplacer par *un certain*.

2 **Dans les phrases suivantes, distingue *quelque* déterminant indéfini de *quelque* adverbe.**

1. Il a fait preuve de quelque détermination en repassant ce concours.

❑ déterminant indéfini ❑ adverbe

2. Il lui reste quelque cinq minutes avant la fin de l'épreuve.

❑ déterminant indéfini ❑ adverbe

SCORE ..../ 2

COUP DE POUCE
Tu peux remplacer *quelque* adverbe par *environ*.

3 **Entoure, dans les phrases suivantes, la forme qui convient.**

1. Quelque / Quel que / Quels que intelligents qu'ils soient, ils n'ont pas décelé la supercherie.
2. Quelque / Quel que / Quelle que soit ta peine, il faut réagir.
3. Quelque / Quel que / Quelles que soient tes raisons, ton attitude est inadmissible.
4. Quelque / Quelle que généreuse qu'elle soit, elle n'a pu l'accueillir.

SCORE ..../ 4

ATTENTION
Distingue bien les deux structures :
– *quelque* + adj + *que*
– *quel(s)/quelle(s) que* soit (soient) + sujet.

DICTÉE PRÉPARÉE

Je sens en écrivant que mon pouls s'élève encore ; ces moments me seront toujours présents quand je vivrais cent mille ans. Ce premier sentiment de la violence et de l'injustice est resté profondément gravé dans mon âme. Mon cœur s'enflamme au spectacle ou au récit de toute action injuste, quel qu'en soit l'objet et en quelque lieu qu'il se commette, comme si l'effet en retombait sur moi. Quand je lis les cruautés d'un tyran féroce, les subtiles noirceurs d'un fourbe de prêtre, je partirais volontiers pour aller poignarder ces misérables, même si je devais y périr cent fois.

D'après Jean-Jacques Rousseau,
Les Confessions, livre I, 1770.

4 ***quelque / quel qu'***

a. Quel est le sens du mot *quelque* dans le groupe nominal *quelque lieu* ?

❑ n'importe quel ❑ plusieurs

b. Avec quel nom *quel* s'accorde-t-il dans *quel qu'en soit l'objet* ?

....

SCORE ..../ 2

INFO
Quelque + nom ou GN est un déterminant indéfini. Employé au singulier, il peut être remplacé par « un certain » ; employé au pluriel, il peut être remplacé par « plusieurs ».

5 **Quelle est la nature du mot *tout* dans le groupe nominal souligné dans la dictée ?**

❑ déterminant indéfini ❑ adverbe

SCORE ..../ 1

COUP DE POUCE
Relis la leçon du chapitre 4, page 12.

6 **Complète les phrases suivantes avec le mot [pu] que tu écriras comme il convient.**

1. Son .... bat à soixante pulsations par minute.

2. Il a attrapé des .... à l'école.

SCORE ..../ 2

ATTENTION
Prends garde au second nom qui prend un x au pluriel.

7 **Surligne dans la dictée, deux verbes conjugués au conditionnel présent.**

SCORE ..../ 2

8 DICTÉE TYPE BREVET Et maintenant, fais-toi dicter le texte figurant dans le livret, p. 23.

Corrigés p. 22-23

TOTAL ..../ 21

ORTHOGRAPHE D'USAGE

24 Repérer les lettres muettes intercalées

En français, certains mots contiennent une **lettre muette**.

- Les **consonnes muettes intercalées** sont généralement les lettres *h*, *g*, *m* ou *p*.
On peut expliquer la présence de ces lettres de différentes façons :
– par la **phonétique** : la lettre *h* permet de prononcer séparément deux voyelles placées l'une à côté de l'autre : *trahir*. Dans ce cas, on peut aussi utiliser un tréma que l'on met sur la seconde voyelle : *haïr* ;
– par la **formation du mot** : *bonheur* et *malheur* (ce qui vous arrive – *heur* – en bien ou en mal), un *bonhomme* (un *homme* qui est *bon*).
On peut souvent déceler la présence de ces lettres à l'aide de mots de la même famille :
doigt → *(code) digital* ; *sept* → *septembre*

- Les **noms dérivés de verbes du 1er groupe** dont le radical se termine par une voyelle (verbes en *-ier*, *-ouer*, *-uer* et *-yer*) ont un **e** muet intercalé avant le suffixe *-ment* :
éternuer → *éternuement* ; *aboyer* → *aboiement*

ATTENTION
Ne confonds pas :
– les noms dérivés d'un verbe du 1er groupe ;
– les noms qui se terminent par *-ment* (*appartement*, *moment*) ;
– les adverbes dérivés d'un adjectif (*lentement*).

★ 1 Écris correctement les noms dérivés des verbes du 1er groupe suivants.

1. enrouer → un enrouement
2. bégayer → un ....
3. dénouer → un ....
4. licencier → un ....
5. payer → un ....
6. remercier → un ....

SCORE .... / 5

COUP DE POUCE
Tu peux t'aider du dictionnaire.

★★ 2 Complète les phrases suivantes par une consonne muette (*h*, *p* ou *m*).

1. Il a un r ...... ume. Il boit du r ...... um.
2. Il verse un acom ...... te.
3. Il a in ...... alé un gaz toxique.
4. Sur ce portail d'église, l'artiste a scul ...... té une scène représentant les élus et les da ...... nés.
5. C'est sa se ...... tième conda ...... nation pour vol.
6. C'est un spécialiste de la pré ...... istoire.
7. Au Moyen Âge, un homme mal ...... onnête est dés ...... onoré.

SCORE .... / 10

INFO
La graphie *ch* prononcée [k] indique que le mot vient du grec.

★★ 3 Construis deux mots à partir de chacune des racines grecques suivantes.

1. rhino (nez) → oto-rhino-laryngologiste, ...
2. théo (dieu) → ....
3. pathie (souffrance) → ....
4. ortho (droit, correct) → ....

SCORE .... / 7

DICTÉE PRÉPARÉE

Ce roman de George Orwell est une fable dans laquelle l'auteur fait la satire des régimes totalitaires. Il raconte comment les cochons vont se révolter contre les hommes et prendre le pouvoir.

Sur quoi, ce sont dehors des aboiements affreux, et bientôt se ruent à l'intérieur de la grange neuf molosses portant des colliers incrustés de cuivre. Ils se jettent sur Boule de Neige, qui de justesse échappe à leurs crocs. L'instant d'après, il avait passé la porte, les chiens à ses trousses. Alors, trop abasourdis et épouvantés pour élever la voix, les animaux se pressèrent en cohue vers la sortie, pour voir la poursuite. Boule de Neige courait comme seul un cochon peut courir, les chiens sur ses talons. Mais tout à coup, voici qu'il glisse, et l'on croit que les chiens sont sur lui.

George Orwell, *La Ferme des animaux*, trad. J. Queval, © Champ Libre/IVREA, 1981 et 2009.

4 **Relève dans la dictée deux mots qui s'écrivent avec un *h* intercalé.**

1. .... **2.** ....

SCORE ..../ 2

5 **Construis le nom dérivé du verbe *aboyer*.**

aboyer : un ....

SCORE ..../ 1

6 **Complète le tableau à l'aide de mots que tu relèveras dans la dictée.**

Le son [s] peut s'écrire :		Le son [z] peut s'écrire :
-s- entre une voyelle et une consonne	-ss- entre deux voyelles	-s- entre deux voyelles
....	....	....
....	....	
....	....	
	....	
	....	
	....	

SCORE ..../ 10

INFO La lettre *s* se prononce toujours [s], sauf entre deux voyelles où elle se prononce [z] (poison). Pour obtenir le son [s] entre deux voyelles, on doit écrire deux *s* (poisson).

7 **Complète les phrases suivantes à l'aide du mot *coup* ou d'un de ces homonymes. Aide-toi d'un dictionnaire pour les orthographier correctement.**

1. Le .... de la vie a augmenté.

2. Le chien porte au .... un collier.

3. Tout à ...., le téléphone sonna.

4. Il a reçu un .... sur la tête.

SCORE ..../ 4

INFO Le mot *coup* vient du latin *colpus* (un coup de poing ; un coup de pied).

8 **DICTÉE TYPE BREVET** Et maintenant, fais-toi dicter le texte figurant dans le livret, p. 24.

Corrigés p. 23-24

TOTAL ..../ 39

ORTHOGRAPHE D'USAGE

25 Doubler ou non la consonne en début de mot

- Le tableau suivant récapitule les doublements de consonnes en début de mot :

Mots en	Exemples	Exceptions
app-	*apprendre, apprivoiser, approche*	Verbes : *apaiser, apercevoir, apeurer, apitoyer, aplanir, aplatir, apostropher.* Noms : *apaisement, aparté, apéritif, apesanteur.*
acc-	*accent, accepter, accumuler*	*acacia, académie, acajou, acanthe, acariâtre, acompte, acoustique, âcre, acrobate.*
occ-	*occasion, Occident, occuper*	Mots de la famille d'*octave* : *octobre, octosyllabe.* Mot de la famille d'*oculaire* : *oculiste.*
aff-	*affaire, affirmer, affronter*	*afghan, Afrique, africain, afin.*
eff-	*effort, effacer, efficace*	
off-	*offert, officiel, offrande*	

- Le préfixe *in-* placé devant un mot commençant par ***m***, ***l*** ou ***r*** subit l'attraction de cette consonne et se transforme en ***im-***, ***il-*** ou ***ir-*** : ***im***mobile, ***il***lisible, ***ir***régulier.

★ 1 Complète les pointillés par la consonne simple ou double qui convient.

1. *f* ou *ff* ? e...... acer, a...... ricain, o...... ert, a...... ectation, e...... raction
2. *p* ou *pp* ? a...... ercevoir, a...... araître, a...... itoyer, a...... artement
3. *c* ou *cc* ? a...... ueilllir, a...... ompte, a...... rocher, a...... oustique, a...... almie, o...... ulaire

SCORE ..../ 15

★★ 2 Écris les antonymes (les contraires) des mots suivants à l'aide du préfixe *in-*.

Ex. : *correct* → *in*correct

1. résistible → ....
2. matériel → ....
3. limité → ....
4. responsable → ....

SCORE ..../ 4

★★ 3 Complète la grille de mots croisés.

Horizontalement

a. État caractérisé par l'absence de pesanteur que l'on rencontre sur la Lune.
b. Feuille représentée sur les chapiteaux corinthiens.

Verticalement

1. Au théâtre, paroles prononcées par un personnage pour le public.
2. Arbre à fleurs jaunes.
3. Qui concerne la perception des sons.
4. Se dit d'une odeur ou d'un goût qui pique.

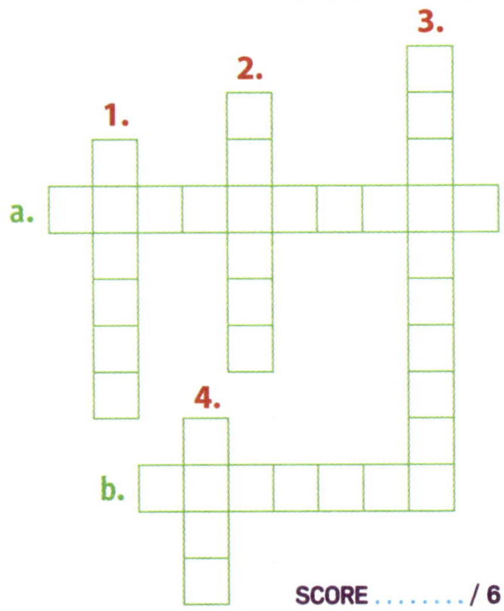

SCORE ..../ 6

COUP DE POUCE
Les mots de la grille figurent parmi les exceptions données dans le tableau de la leçon.

DICTÉE PRÉPARÉE

Le narrateur, un Juif, vit caché dans un petit appartement au ghetto de Varsovie. Un matin, il assiste à une descente de la Gestapo dans son pâté d'immeubles.

J'ai entendu des coups de feu. Je me suis précipité à la fenêtre : une rangée de policiers tirait à l'aveuglette dans la foule. Après quelques minutes, des camions SS sont apparus : la portion de la rue dans laquelle mon immeuble se trouvait a été encerclée. Des groupes de la Gestapo ont commencé à entrer dans chaque bâtiment et à en ressortir en poussant des hommes devant eux. Je les ai vus s'engouffrer sous mon porche... J'ai entendu les Allemands crier quelques étages plus bas. Une demi-heure s'est écoulée. Un calme irréel s'est installé.
Je suis allé à la fenêtre : les véhicules SS avaient disparu.

Wladyslaw Szpilman, *Le Pianiste*, © Pocket, 2002.

4 **Relève, dans la dictée, un participe passé commençant par *app-*.**

....

SCORE ..../ 1

5 **Relève, dans la dictée, deux mots commençant par le préfixe *in-*. Encadre le radical de chacun de ces mots.**

.... ; ....

SCORE ..../ 2

ATTENTION
Le préfixe -in peut changer de forme. Revois la leçon, page 54.

6 **Les racines *meuble, mobile* et *mobilier* ont la même origine latine et désignent ce qui bouge. Construis les antonymes de ces mots à l'aide du préfixe *in-*.**

1. meuble → ....
2. mobile → ....
3. mobilier → ....

SCORE ..../ 3

INFO
Les antonymes sont des mots de sens contraires.

7 **Complète les phrases suivantes avec l'adjectif qualificatif *demi* que tu accorderas si nécessaire.**

1. Elle n'a reçu aucun appel pendant une ....-heure.
2. Il l'a attendue une heure et ....

SCORE ..../ 2

INFO
Demi reste invariable quand il précède le nom auquel il est relié par un trait d'union. Quand *demi* est placé après le nom auquel il est relié par *et*, il s'accorde en genre avec ce nom.

8 **Relève dans la dictée deux noms qui présentent un accent circonflexe. Recherche pour chacun d'eux des mots de la même famille.**
Ex. : *hôpital* → *hospice, hospitaliser*

1. .... → ....
2. .... → ....

SCORE ..../ 4

9 **DICTÉE TYPE BREVET** Et maintenant, fais-toi dicter le texte figurant dans le livret, p. 25.

Corrigés p. 24

Plus d'exercices sur www.hatier-entrainement.com

TOTAL ..../ 37

ORTHOGRAPHE D'USAGE

26 Orthographier une famille de mots

- Les mots de la **même famille** sont des mots construits à partir du **même radical** :

  alphabet → [alphabét]isation, an[alphabète], [alphabét]iser

- Pour obtenir des mots de la même famille, on fait **varier le préfixe et/ou le suffixe** :

  *[alphabét]**isation**, **an**[alphabète], [alphabét]**iser***

  La variation du suffixe permet de former des mots qui appartiennent à **différentes classes grammaticales** :

  *[alphabét]**isation*** [nom], *[alphabét]**iser*** [verbe], *[alphabét]**ique*** [adj. qual.]

- Étudier la formation d'un mot permet de comprendre sa signification, de l'écrire correctement et de distinguer les homonymes :

  *chanter → chant ; champêtre → cham**p***

INFO
Cet exercice te permet de justifier les consonnes finales dans les noms *banc*, *mât* et *goût*.

★ 1 Associe les mots ci-dessous à un mot simple de la liste suivante :

banc – haut – balai – gai – mât – goût

1. exhausser → ....
2. banquette → ....
3. démâter → ....
4. dégoûter → ....
5. balayer → ....
6. égayer → ....

SCORE ..../ 6

★★ 2 Encadre le radical commun et barre l'intrus dans chaque famille de mots.

1. vent • éventail • éventer • vente • paravent
2. col • décolleté • collerette • décoller
3. plant • planter • plantation • plan

SCORE ..../ 3

★★ 3

a. Complète les phrases suivantes avec des mots de la famille du mot *don*.

1. Un généreux .... a permis la construction de ce centre médical.
2. Il s'.......................... à cette passion depuis son plus jeune âge.
3. Il a fait une .... de son vivant à ses enfants.

b. Ces mots de la même famille ne s'écrivent pas de la même façon. Qu'est-ce qui les différencie ?

....

SCORE ..../ 4

COUP DE POUCE
Vérifie dans le dictionnaire l'orthographe des mots trouvés.

DICTÉE PRÉPARÉE

Dans son célèbre roman Au Bonheur des Dames, *Émile Zola raconte la naissance des grands magasins au détriment des petits commerces.*

Vers deux heures, un piquet d'ordre dut faire circuler la foule et veiller au stationnement des voitures. Le palais était construit, le temple élevé à la folie dépensière de la mode. Il dominait, il couvrait un quartier de son ombre. Déjà, la plaie, laissée à son flanc par la démolition de la masure de Bourras, se trouvait si bien cicatrisée, qu'on aurait vainement cherché la place de cette verrue ancienne ; les quatre façades filaient le long des quatre rues, sans une lacune, dans leur isolement superbe. Sur l'autre trottoir, *Le vieil Elbeuf* était fermé, muré ainsi qu'une tombe, derrière les volets qu'on n'enlevait plus. Des affiches les recouvraient, flot montant de la publicité.

D'après Émile Zola, *Au Bonheur des Dames*, 1883.

4 **Sur quel mot simple les mots suivants sont-ils construits ?**

1. quartier → ……………………………………
2. cicatrisée → ……………………………………
3. façade → ……………………………………
4. trottoir → ……………………………………

SCORE ……… / 4

5 **Justifie la consonne finale des mots suivants en cherchant des mots de la même famille.**

Ex. : *champ* → *champêtre*

1. flanc → ……………………………………
2. long → ……………………………………
3. flot → ……………………………………

SCORE ……… / 3

ATTENTION
Pour obtenir le son [g] après e et i, il faut ajouter un u après la lettre *g*.

6 **Explique la formation de l'adverbe *vainement* et son sens.**

……………………………………

……………………………………

SCORE ……… / 2

COUP DE POUCE
Aide-toi d'un dictionnaire.

7 **Le suffixe *-et***

a. Quel est le verbe à partir duquel le nom *piquet* a été construit ? ……………………

b. Quel est le sens du suffixe *-et* ?

……………………………………

c. Propose deux autres mots construits avec ce suffixe.

1. …………………… 2. ……………………

SCORE ……… / 4

COUP DE POUCE
Le suffixe -et existe aussi au féminin (*une fillette, une maisonnette*).

8 DICTÉE TYPE BREVET Et maintenant, fais-toi dicter le texte figurant dans le livret, p. 26.

Corrigés p. 25-26

TOTAL ……… / 26

ORTHOGRAPHE D'USAGE

27 Écrire les adverbes en -ment

- Les adverbes construits avec le suffixe *-ment* se forment généralement à partir du féminin des adjectifs qualificatifs. Comme tous les adverbes, ils sont invariables.

Adjectif masculin	Adjectif féminin	Adverbe en *-ment*
léger	légère	*légèrement*

- Si l'adjectif qualificatif se termine par une voyelle, l'adverbe se construit directement sur le masculin : *joli* → *joliment* ; *prétendu* → *prétendument*.

Attention ! L'adverbe dérivé de l'adjectif *gai* peut s'écrire *gaiement* ou *gaîment*. D'autres adverbes s'écrivent avec un accent circonflexe : *assidûment, continûment, crûment, drûment, dûment, goulûment, sûrement*.

- Les adverbes en [amã] prennent toujours **deux *m***. Ils se terminent :
  – par ***-amment*** quand ils sont dérivés d'un adjectif en ***-ant*** : *courant* → *couramment* ;
  – par ***-emment*** quand ils sont dérivés d'un adjectif en ***-ent*** : *patient* → *patiemment*.

★★ 1 Écris les adverbes formés à partir des adjectifs qualificatifs suivants.

1. secret → ....
2. résolu → ....
3. amer → ....
4. absolu → ....
5. heureux → ....
6. sûr → ....

SCORE ..../ 6

ATTENTION
Deux adjectifs qualificatifs se terminent par une voyelle : leurs adverbes se construisent à partir du masculin de ces adjectifs.

★★ 2 Complète les adverbes suivants en [amã]. Commence par écrire entre parenthèses les adjectifs qualificatifs dont ils sont dérivés.

1. fréqu .... (fréquent)
2. élég .... (élégant)
3. bruy .... (....................)
4. differ .... (....................)
5. appar .... (....................)
6. réc .... (récent)

SCORE ..../ 9

ATTENTION
Les adverbes qui se terminent par le son [amã] prennent toujours deux *m*.

★★ 3 Dans les phrases suivantes, souligne les noms qui se terminent en *-ment* et entoure les adverbes construits avec le suffixe *-ment*. Accorde les noms si nécessaire.

1. Il écoute attentivement ...... les aboiement ...... des chiens.
2. On entend fréquemment ...... des craquement ...... dans les vieilles maisons.
3. Les glissement ...... de terrain sont apparemment ...... dus à un affaissement ...... du sol.

SCORE ..../ 7

COUP DE POUCE
Les noms en *-ment* sont précédés d'un déterminant, tandis que les adverbes en *-ment* précisent le sens d'un verbe.

DICTÉE PRÉPARÉE

Le narrateur est un Juif rescapé du ghetto de Varsovie. Aidé par des amis, il vit reclus dans un appartement. Une fois par semaine, on lui apporte des vivres.

En conséquence, il fallait occuper le temps d'une façon ou d'une autre entre chacune de ses apparitions, que j'attendais évidemment avec impatience. Je lisais beaucoup et j'avais appris à préparer des plats succulents grâce aux conseils culinaires de la femme du médecin. Un seul impératif : pas le moindre bruit. Je me déplaçais donc tout doucement, sur la pointe des pieds. Les murs n'étaient pas épais et un simple mouvement inconsidéré pouvait me trahir auprès de mes voisins. Par contre, je ne les entendais que trop bien, eux, et notamment ceux qui vivaient à gauche du palier.

Wladyslaw Szpilman, *Le Pianiste*, © Pocket, 2002.

4 Les adverbes en *-ment*

a. Surligne, dans la dictée, trois adverbes construits avec le suffixe *-ment*.

b. Complète le tableau suivant qui résume la formation de l'adverbe *doucement*.

Adjectif masculin	Adjectif féminin	Adverbe en *-ment* dérivé
....	....	doucement

c. Écris l'adjectif qualificatif à partir duquel on a construit l'adverbe *évidemment*.

....

SCORE ..../ 6

5 Dans la liste de mots ci-dessous, entoure le mot qui n'est pas un adverbe.

façon • beaucoup • pas (le moindre bruit) • tout (doucement) • trop • bien

SCORE ..../ 5

6 Écris la phrase suivante au pluriel.

Un simple mouvement inconsidéré pouvait me trahir auprès de mes voisins.

....

....

SCORE ..../ 7

7 Deux homonymes

a. Relie chacun des mots suivants à sa définition.

palier •   • résoudre d'une manière provisoire

pallier •   • plate-forme entre deux volées d'escaliers

b. Emploie ces mots dans les phrases suivantes.

1. Des mesures seront prises pour .... la crise.

2. Il a invité ses nouveaux voisins de ....

SCORE ..../ 4

COUP DE POUCE
Relis le dernier point de la leçon, page 58.

INFO
Les adverbes sont invariables. Ils précisent le sens d'un verbe, d'un adjectif qualificatif ou d'un autre adverbe.

ATTENTION
Pallier et *palier* sont des homonymes :
– *pallier* est un verbe, il se conjugue ;
– *palier* est un nom masculin.

8 DICTÉE TYPE BREVET Et maintenant, fais-toi dicter le texte figurant dans le livret, p. 27.

Corrigés p. 26-27

Plus d'exercices sur www.hatier-entrainement.com

TOTAL ..../ 44

Alphabet phonétique API

Il s'agit de la notation adoptée par l'Association phonétique internationale pour désigner les sons. Les signes de l'alphabet phonétique se placent entre crochets.

VOYELLES		SEMI-VOYELLES		CONSONNES	
[a]	cinéma	[j]	lieu	[b]	baba
[ɑ]	château	[w]	oui	[d]	déjeuner
[e]	dé			[f]	faim
[ɛ]	mets			[g]	gâteau
[ə]	petit			[k]	cadeau
[i]	souris			[l]	lait
[o]	rose			[m]	miel
[ɔ]	bosse			[n]	nappe
[ø]	jeudi			[p]	pain
[œ]	fleur			[r]	roi
[u]	chou			[s]	sel
[y]	illusion			[t]	table
[ɑ̃]	chanter			[v]	valise
[ɛ̃]	jardin			[z]	maison
[ɔ̃]	ronfler			[ʃ]	chocolat
[œ̃]	brun			[ʒ]	ange
				[ɲ]	ignorer
				[ŋ]	parking

Comment relire sa dictée ?

Analyse…	…à l'aide de ces règles et conseils
la situation de communication	Demande-toi : **qui parle ? à qui ?** Ainsi, si le texte est rédigé à la 1re personne, beaucoup de verbes seront conjugués à la 1re personne du singulier.
le temps et le mode des verbes	• Identifie les **temps dominants** utilisés dans le texte. Ainsi, dans un récit au passé, les actions de premier plan sont rapportées au passé simple ; les faits de second plan, à l'imparfait. • Prends garde que, dans certaines subordonnées, les verbes sont au **subjonctif** (mode de l'éventuel). *Je voudrais qu'il **voie** un médecin.*
l'accord des verbes	Le verbe **s'accorde avec le sujet.** Pour trouver le sujet, pose la question : *Qui est-ce qui… ?* ou *Qu'est-ce qui… ?* suivie du verbe.
l'accord des adjectifs	L'adjectif qualificatif **s'accorde** en genre et en nombre **avec le nom auquel il se rapporte.** Pour trouver ce nom, pose la question : *Qui est-ce qui est… ?* ou *Qu'est-ce qui est… ?* suivie de l'adjectif.
l'accord des participes passés	• Le participe passé employé **avec *être*** s'accorde en genre et en nombre avec le sujet. • Le participe passé employé **avec *avoir*** ne s'accorde jamais avec le sujet, mais il s'accorde en genre et en nombre avec le COD si celui-ci est placé avant le verbe.
les terminaisons verbales en [e]	Pour savoir si un verbe doit se terminer par ***-er*** (infinitif) **ou *-é(es)*** (participe passé), remplace-le par un verbe du 3e groupe. *chanter/prendre ; chanté/pris*
les homophones grammaticaux	Identifie la **classe grammaticale** du mot.

30 verbes modèles pour conjuguer sans faute

	INDICATIF			
	présent	**futur**	**imparfait**	**passé simple**
avoir	j'ai il a ils ont	j'aurai il aura ils auront	j'avais il avait ils avaient	j'eus/nous eûmes
être	je suis il est ils sont	je serai il sera ils seront	j'étais il était ils étaient	je fus/nous fûmes il fut ils furent
aimer	j'aime il aime ils aiment	j'aimerai il aimera ils aimeront	j'aimais il aimait ils aimaient	j'aimai/nous aimâmes il aima ils aimèrent
lancer	il lance/nous lançons	il lancera/nous lancerons	il lançait	il lança/nous lançâmes
manger	il mange/nous mangeons	il mangera/nous mangerons	il mangeait	il mangea/nous mangeâmes
appeler	il appelle/nous appelons	il appellera	il appelait	il appela/nous appelâmes
geler	il gèle/nous gelons	il gèlera	il gelait	il gela/nous gelâmes
jeter	il jette/nous jetons	il jettera	il jetait	il jeta/nous jetâmes
acheter	il achète/nous achetons	il achètera	il achetait	il acheta/nous achetâmes
essuyer	il essuie/nous essuyons	il essuiera	il essuyait/nous essuyions	il essuya/nous essuyâmes
envoyer	il envoie/nous envoyons	il enverra	il envoyait	il envoya/nous envoyâmes
aller	je vais il va	j'irai il ira	j'allais il allait	j'allai/nous allâmes
finir	je finis il finit ils finissent	je finirai il finira ils finiront	je finissais il finissait ils finissaient	je finis/nous finîmes
partir	je pars il part	je partirai il partira	je partais il partait	je partis/nous partîmes
venir	il vient/nous venons	il viendra	il venait	il vint/nous vînmes
courir	il court	il courra	il courait	il courut/nous courûmes
cueillir	il cueille	il cueillera	il cueillait	il cueillit/nous cueillîmes
voir	il voit	il verra	il voyait	il vit/nous vîmes
devoir	il doit	il devra	il devait	il dut/nous dûmes
pouvoir	je peux/il peut	il pourra	il pouvait	il put/nous pûmes
savoir	il sait	il saura	il savait	il sut/nous sûmes
s'asseoir	il s'assied/il s'assoit	il s'assiéra/il s'assoira	il s'asseyait	il s'assit/nous nous assîmes
croire	il croit/nous croyons	il croira	il croyait/nous croyions	il crut/nous crûmes
dire	il dit/vous dites	il dira	il disait	il dit/vous dîtes
faire	il fait/vous faites	il fera	il faisait	il fit/nous fîmes
vivre	il vit	il vivra	il vivait	il vécut/nous vécûmes
prendre	je prends/il prend	il prendra	il prenait	il prit/nous prîmes
peindre	je peins/il peint	il peindra	il peignait/nous peignions	il peignit/nous peignîmes
résoudre	je résous/il résout	il résoudra	il résolvait	il résolut/nous résolûmes
mettre	je mets/nous mettons	il mettra	il mettait	il mit/nous mîmes

	IMPÉRATIF	SUBJONCTIF	CONDITIONNEL
passé composé	présent	présent	présent
'ai eu l a eu ls ont eu	aie ayons ayez	que j'aie qu'il ait que nous ayons	j'aurais il aurait nous aurions
'ai été l a été ls ont été	sois soyons soyez	que je sois qu'il soit qu'ils soient	je serais il serait nous serions
'ai aimé l a aimé ls ont aimé	aime aimons aimez	que j'aime qu'il aime qu'ils aiment	j'aimerais il aimerait nous aimerions
l a lancé	lance/lançons	qu'il lance	il lancerait
l a mangé	mange	qu'il mange	il mangerait
l a appelé	appelle/appelons	qu'il appelle	il appellerait
l a gelé	gèle/gelons	qu'il gèle	il gèlerait
l a jeté	jette/jetons	qu'il jette	il jetterait
l a acheté	achète/achetons	qu'il achète	il achèterait
l a essuyé	essuie/essuyons	qu'il essuie	il essuierait
l a envoyé	envoie	qu'il envoie	il enverrait
e suis allé/il (elle) est allé(e)	va/allons	que j'aille/que nous aillions	il irait
'ai fini	finis	que je finisse	il finirait/nous finirions
e suis parti l est parti	pars/partons	que je parte qu'il parte	il partirait
l est venu	viens/venons	qu'il vienne/que nous venions	il viendrait
l a couru	cours	qu'il coure	il courrait
l a cueilli	cueille/cueillons	qu'il cueille	il cueillerait
l a vu	vois/voyons	qu'il voie/que nous voyions	il verrait
l a dû	dois	qu'il doive/que nos devions	il devrait
l a pu	–	qu'il puisse	il pourrait
l a su	sache	qu'il sache	il saurait
l s'est assis	assieds-toi/asseyons-nous	qu'il s'asseye/qu'il s'assoie	il s'assiérait
l a cru	crois/croyons	qu'il croie	il croirait
l a dit	dis	qu'il dise	il dirait
l a fait	fais/faisons/faites	qu'il fasse/que nous fassions	il ferait
l a vécu	vis	qu'il vive	il vivrait
l a pris	prends	qu'il prenne	il prendrait
l a peint	peins/peignons	qu'il peigne/que nous peignions	il peindrait
l a résolu	résous/résolvons	qu'il résolve	il résoudrait
l a mis	mets/mettons	qu'il mette/que nous mettions	il mettrait

Les principaux homophones grammaticaux

Ne confonds plus…	Identifie…	Exemples
a* et *à	• ***a*** : 3e pers. du sing. du v. *avoir* au présent • ***à*** : préposition	*Il* ***a*** (= avait) *mis du temps* ***à*** (≠ avait) *arriver.*
ou* et *où	• ***ou*** : ou bien • ***où*** : exprime le lieu ou le temps	*Sais-tu* ***où*** (≠ ou bien) *il est parti en vacances : à la mer* ***ou*** (= ou bien) *à la montagne ?*
on* et *ont	• ***on*** : pronom sujet • ***ont*** : 3e pers. du pl. du v. *avoir* au présent	***On*** (≠ avaient) *est surpris par tout le travail qu'ils* ***ont*** (= avaient) *accompli.*
son* et *sont	• ***son*** : déterminant possessif • ***sont*** : 3e pers. du pl. du v. *être* au présent	*Jules et Julie* ***sont*** (= étaient) *partis avec* ***son*** *scooter* (= le sien).
ces* et *ses	• ***ces*** : déterminant démonstratif • ***ses*** : déterminant possessif	***Ses*** *parents* (les siens) *lui ont offert* ***ces*** *belles baskets rouges* (= celles-là).
ce* et *se	• ***ce*** : déterminant ou pronom démonstratif • ***se*** : pronom réfléchi	*Barnabé* ***se*** *demande* (→ verbe *se demander*) *encore s'il va aller voir* ***ce*** *film* (= celui-là).
c'est* et *s'est	• ***c'est*** : présentatif • ***s'est*** : se + est + participe passé	• ***C'est*** (= cela est) *décidé : nous y allons.* • *Il* ***s'est*** *décidé à y aller* (→ verbe *se décider* au passé composé).
la*, *là* et *l'a	• ***la*** : article ou pronom • ***l'a*** : le/la + a (verbe *avoir*) • ***là*** : adverbe de lieu	• *Il* ***la*** *prend dans ses bras.* • *Il* ***l'a*** *injuriée copieusement.* • *C'est* ***là*** *que je les ai vus pour la dernière fois.*
les*, *l'ai* et *l'est	• ***les*** : article ou pronom personnel • ***l'ai*** : le/la + ai • ***l'est*** : le/la + est	• *Il s'entretenait avec* ***les*** *voisins.* • *Je* ***l'ai*** *entendu rire.* • *Bizarre, il* ***l'est*** *réellement.*
ni* et *n'y	• ***ni*** : conjonction de coordination de sens négatif • ***n'y*** : ne + y	• *Je n'ai* ***ni*** *regret* ***ni*** *rancœur.* • *Je* ***n'y*** *pense plus* (= Je ne pense plus à cela).
si* et *s'y	• ***si*** : conjonction ou adverbe • ***s'y*** : se + y + verbe	• *Il est* ***si*** *tard. Je ne sais pas* ***si*** *j'ai le courage.* • *Il* ***s'y*** *est mis* (= Il s'est mis à cela).
sans* et *s'en	• ***sans*** : préposition exprimant un manque • ***s'en*** : se + en + verbe	• *Il est parti* ***sans*** *elle.* • *Il* ***s'en*** *sort bien* (= Il se sort bien de cela).
dans* et *d'en	• ***dans*** : préposition exprimant le lieu ou le temps • ***d'en*** : de + en + verbe à l'infinitif	• *Le spectacle commence* ***dans*** *une heure.* • *Il est soulagé* ***d'en*** *sortir* (= de sortir de là) *sain et sauf.*
quand*, *quant* et *qu'en	• ***quand*** : à quel moment, lorsque • ***qu'en*** : que + en + verbe • ***quant à*** : en ce qui concerne	• ***Quand*** (= à quel moment) *reviendra-t-il ?* • ***Qu'en*** *pensez-vous ?* (= Que pensez-vous de cela ?) • ***Quant à*** *moi* (= en ce qui me concerne), *je n'y crois pas.*

Achevé d'imprimer en France par Imprimerie IPS
Dépôt légal n°05109-6/03 - Novembre 2020